NHK BOOKS
1261

戦後「社会科学」の思想
——丸山眞男から新保守主義まで

mori masatoshi
森 政稔

NHK出版

はじめに

本書は、これから社会科学や社会思想を学ぼうとする人たち、あるいはすでに社会科学を学んだり、かつて学んだことがあったけれどもその意義がよくわからずもう一度考え直そうと思っていたりする人たちを主たる対象として、やや普通とは異なる方法で案内をすることを目的とする。

社会科学とは何か、ということ自体、定義することは容易ではないが、通常の意味では、経済学、政治学、法学、社会学などの、社会を対象とする諸学問の総称である。書名の「社会科学」にはかぎかっこを付けたが、本書で言う「社会科学」には少々説明が必要である。「科学」の語が、自然科学をモデルとした観察・実験や、また数量化による研究の意味で用いられるのが現在の言葉の感覚であるとすれば、本書で扱う対象はほとんど「科学」には含まれないことになる。社会に関する上記の諸学問のうち、このような自然科学に近い方法を採るものもそうではないものもあるし、同一の学問のなかで非常に異なった方法が採られているものも普通にみられる。これらをすべて含めて「科学」の名で呼ぶのはたしかに問題を含んでいる。

かつて、たとえば戦前の日本などでは、「社会科学」が今日とはかなり異なる意味で用いられたことがある。今では信じ難いことだが、社会科学という語がマルクス主義とほぼ同義に使われ、マルクス主義が社会科学をほぼ独占していたこともあった。正統派マルクス主義は、封建社会から近代資本主義社会へ、そして社会主義・共産主義社会へ、といった社会発展を普遍的な科学法則として提示した。このような実証困難な法則性を「科学」とみる人は今ではほとんどいないだろう（このことはマルクス主義の社会思想としての意義とは別である）。戦中から戦後のある時期にかけて、このマルクス主義と、もうひとつはドイツの社会学者マックス・ウェーバーに由来する考え方とが、日本の「社会科学」の主要な部分を構成していた。

またたとえば石田雄《たけし》の『日本の社会科学』（石田 1984）にみられる「社会科学」の用法は、戦後日本の民主化の要請と不可分に結びついたものである。このような用法は、諸々の社会科学の専門領域に限定されることのない横断的な視野を持つという意味ではメリットがあるが、石田自身も指摘するように、一九八〇年代になると学問の傾向がこのような意味での「社会科学」の枠組みでは捉えられなくなってきたことは否定できない。日本の戦後を規定した民主化の問題意識は尊重されるべきだと私も思うし、石田の当事者としての証言は貴重であるが、しかし「社会科学」の正当性をこのように限定するのは狭すぎると考えられる。戦後日本にこのようなかたちで「社会科学」が成立したのは、むしろ偶然的な諸要因に由来すると言える。そのように「戦後」を相対化しつつ、しかし忘却するのではなく、その枠を超えた展開を扱うことのできるような、より柔軟な枠組みが必要だろう。

同時に、本書は現在では社会科学の各領域でメインストリームとなっている、自然科学に近いイメージの、実証や数量化を伴う社会科学についてはほとんど何も触れていない。こうした通常の意味での科学は思想とは縁遠いようにみえるが、これらも論理実証主義や分析哲学系の「思想」とかかわりがある。本書で取り上げないのは、その重要性を認めないからではなく、私に知識や能力がないからである。また社会関係の諸学問のそれぞれの思想も、私の出身である政治思想を除くとあまり取り上げていない。これも多くは同じ理由による。

以上のように、本書で対象とする「社会科学」の輪郭がかなりあいまいであることを認めたうえであえてこれを定義すれば、個別の社会領域を超えて時代のあり方を学問的に踏まえつつ社会にヴィジョンを与えるような知的営み、ということになろう。これはⅢ部で取り上げるシェルドン・ウォーリンの「政治理論」の定義に示唆されたものであるが、本書で扱う対象は政治学に関連する領域に限定していない。

私は東京大学教養学部で長く勤務してきたが、ここの社会科学は法学部、経済学部といった通例の学問別にはなっておらず、「相関社会科学」という名の領域横断的な講座が置かれている。私は学部二年次後半から四年次までの学生を相手として、「相関社会科学基礎論Ｉ」という入門的な授業を行ってきた。本書はその授業のノートがもとになっており、先ほどの意味での社会科学への入門を、「相関社会科学」的な特色を生かして行おうとするものである。

そのさい、「戦後」を出発点として、そこから今に至る「社会科学」の背景となる思想の変化をたどるという社会思想史的方法を用いてみることにした。そうするのは、若い学生たちに歴史的な感覚を持ってもらいたいと思うからである。近年とくに英語圏で分析系の規範的政治理論が精緻に展開され、日本でも若い研究者がめざましい成果を挙げている。それはもちろん喜ばしいことだが、反面ともすれば学生にとって歴史的な展望が軽視され、ジョン・ロールズ以後しか射程に入っていないケースも多い。思想史という学問は、やや大げさに言えば、人類の知的遺産という巨大な「書物」を探索する仕事であるが、それが必要なのは、このような探索なしで見られる現在開いているページが非常に限られているからである。それはプラトンやホッブズといった社会思想史の古典の遠い昔だけでなく、二十世紀以降の近い歴史についても当てはまる。

たとえば、今から半世紀と少し遡る一九六〇年代がどのような時代であり、大学でどのような学問が講じられていたかを想像してみよう。日本は高度経済成長の盛りにあり、資本主義の進展の恩恵で消費生活も次第に豊かになって来ており、世の中に希望はあったがまだまだ貧しかった。同時に大学の社会科学や人文科学の領域では、いぜんマルクス主義をはじめとする左翼思想が優勢だった。六〇年代の思想や当時科学とされていたことの多くは、今では非現実的な左翼イデオロギーにしか見えないかもしれない。この時代の思想を現在の立場から批判するのは易しいことであるし、昔の方が良かったということでは決してない。しかし、そこに今では失われた可能性についての思いがけない発見があるかもしれないし、また今を構成するアイテムのあるものが意外に旧《ふる》い時代に始まっているのを知って驚くこともあるかもしれない。われわれの時代もかつての時代と同様、さまざまな政治的、経済的、文化的な制約のもとで営まれているのであり、そのような制約を知ることは、現在の可能性を広げるためにも有効だろう。今が閉塞感に満ちた時代であるとすれば、なおさらこのような想像力が必要である。

本書では、すぐ後で述べるように、戦後から現在に至る時代をいくつかに区分し、それぞれの時代が自分たちの時代をどのように特徴付け、先立つ時代と自らを区別しようとしていたかをたどってみることにしたい。

対象としてはおよそ半分を日本の戦後の社会科学とその思想に充てたい。それは現在の日本が、戦後から継承してきた価値や制度（代表的なものとして日本国憲法および平和主義）を別のものに取り替えるのか維持するのかが問われる岐路に差し掛かっているという事態の重要性と関係している。本書はこの問題についていずれかの立場を主張するものではないが、こうした問題を考えるうえでの材料を整理した形で提供したいと考える。

一方、残りの半分は欧米を中心とした世界の思想的動向に充てる。言うまでもなく、世界の思想動向や国際環境の変化と無関係に日本の思想を語ることはできない。そのさいに日本が「特殊」であると見るのか、そうでなく世界の同時代性のなかの「普遍」的問題に直面していると見るのかは、それ自体それぞれの時代の「現代」性を特徴づける要素となってきた。欧米の近代民主主義などの思想を学び直すことが日本の再出発にとって不可欠とされた戦後期、高度経済成長のなかで到来した大衆社会化を欧米と同時代的な現象ととらえるようになった一九五〇―六〇年代、世界同時的だった六〇―七〇年代の若者の叛乱、そしてその後の日本の保守化は、いずれも世界のなかでの日本の経済的地位の浮沈に関係している。

社会の変化と社会科学の主題の転換、そして社会科学の背景にある思想を関係付けることが本書のねらいである。日本の「戦後」について書かれた書物は多くあるが、本書は「戦後」の発端に止まらず、以下の四つの時代を設定して、どのように「戦後」が持続し、また変容したり別の主題に置き換わったりしたかを、同時代の世界の動向と関連付けながら検討することを特徴としたいと思う。

①「戦後」からの出発

丸山眞男に代表される「戦後」の理論や思想の特徴を、マルクス主義などとの関係も含めて再検討する。また丸山の扱った諸主題を手がかりに、「戦後」から出発した時代の意味を考える。

②大衆社会の到来

ナチスの経験と戦後の「豊かな社会」という対照的な二つの契機をもとに一九四〇―六〇年

代に隆盛した大衆社会論を検討し、その今日にまでつながる現代性に焦点を当てたい。また戦後日本の高度経済成長がもたらした社会科学・社会思想の新たな主題を検討する。

③ニューレフトの時代

「豊かな社会」で発生した、それまでの常識からすれば奇妙な叛乱ともいえる一九六〇—七〇年代の学生運動。その評価は今も定まらず、毀誉褒貶《きよほうへん》が相半ばする。それは左翼が強かった最後の時代だったとも言えるが、ここから現在につながる多くの生活様式、社会性、運動などが発生しているという点では新しい始まりだった。その歴史的意味について考えたい。

④新自由主義的・新保守主義的転回

ニューレフトの退潮後の世界は、市場経済とグローバル資本主義の展開する世界となって今に直接つながっている。そして政治思想においては、市場中心主義（新自由主義）との結合と緊張の両面を持ちながら、（新）保守主義が勢力を伸ばしてきた。その意味と問題点を指摘するとともに、現在の閉塞感についても考えたい。

これはあくまで主題的な時代区分であって、通史的な区分ではない。たとえば①では丸山眞男の学問的生涯をたどることで一九七〇年代まで時代を下るように、入り組んだ構成になっている。

そしてそれぞれの主題的な時期区分において、社会科学がどのように自分たちの時代を「現代」としてその新しさを見出したか、という視座を中心とすることで、現在の社会科学・社会思想の、ともすれば見落とされがちな歴史性を重層的に理解するための「社会科学」入門となることを心がけることにしたい。

目次

校　閲　大河原晶子
DTP　㈲緑舎

Ⅰ部

「戦後」からの出発

第一章

「戦後」の意味と現代性

「現代」の意味

「現代」ということばはふつう、とくに定義なく無造作に使われる。しかし、この章では「現代」をどのような意味で呼称し、またそれをさしあたり「戦後」と重ね合わせてみることにどのような正当性があるかについて私の考えを述べておきたい。

まず「現代」は「近代」との差異において用いられることの多い概念である。「現代」が「近代」よりも新しい時代を指す概念であることは言うまでもないが、たんにいっそう新しいというだけでなく、英語の contemporary が示すように「同時代的」でもあるという点が重要である。

そのことは、近代の始点は時代が変化しても通常は変わらないのに対して、どの時点からこちらを現代とするかは、時間の経過とともに変動することからもわかる。近代の始まりはルネサンスなのか宗教改革なのか、さまざまな見方はあるにしても、その古典的な意義が広く共有されているかぎりは、時間の流れに容易に影響されるということはない。考えてみれば奇妙かもしれないが、五百年前の昔でも近代なのである。

みずからの生きる時代を、古代の栄光を取り戻す時代とみなし、みずからに直接先立つ時代を古代と近代の狭間（中間の時代＝中世）として低く位置付ける発想は、ルネサンスの時代に萌芽したが、古代―中世―近代の三分割が定着したのは十九世紀のヨーロッパの歴史意識においてだった。こうした歴史区分を疑い、また西欧中心主義だとして批判することも可能であるが、ここではそれには触れない。

いろいろ問題はあるにせよ、近代という時代が確固とした位置付けを持つのに対して、現代はそうではない。いつから現代が始まるのかは、たんに時間の長さではなく、現時点からの意味づけに依存している。すなわち、われわれの生きる時代の何か非常に重要な部分が直接この時点より始まっており、その時点よりこちらはわれわれと同時代だとみなすことができるような場合に、その時点よりこちらを現代と呼び習わす、ということができるだろう。

かつて社会主義、共産主義が人類の未来であると多くの知識人が信じていた時代にあっては、一九一七年のロシア革命はきわめて大きな画期であり、現代の始点であるとの認識が共有されていた。まだ左派が強かった当時の歴史認識によれば、ロシア革命によって社会主義の理念がはじめて現実（ソヴィエト国家）となり、それよりこちら側は、（いずれは滅ぶ）資本主義の体制と、（いずれは世界に広がる）社会主義の体制が並存する過渡期の時代だとされた。こうした期待はその後まったく捨て去られ、そしてソ連自体が消滅した。ソ連の建国は、今ではわれわれの同時代感覚と関係はなく、むしろ人類史におけるひとつのふさがれた枝道、袋小路と考えられるだろう。

このようにひとつの重要事件（たとえばロシア革命）が、一度は現代の開始を画する地位を獲得する。しかしその後のもうひとつの重要事件（ここでは東欧革命やソ連の解体）が、さかのぼって過去の事件の意味を書き換えてしまい、同時に現代の始点も改められることになる。それはかならずしも時間の順序通りではない。いまやレーニンよりもある意味ではアダム・スミスの方が「現代」的である。

現代とは、そのような不確実さから免れない時代を示す区分であり、いまだ安心して歴史のなかに位置付けることができない状況を指すことばである。現代は、そこにすでに未来的なものが始まっているとの期待が含まれている時代だと言えるが、そのことは同時に、何を未来と考えるかに依存することで、状況の変化によってその地位が左右されることも意味している。また、これまでの延長ではないということにより、「現代」には不確かで不気味なもの、既存の枠組みでは説明不可能なものの兆しが含まれている。

現実の「戦後」と理念の「戦後」

つぎに「戦後」について、「現代」との関係で考えることにしたい。とくに日本にとって第二次世界大戦の終了、敗北はほとんど絶対的ともいえる歴史の切断点として、広く理解が共有され、リアルタイムで敗戦を経験したことのない世代を含めて「国民的記憶」となって伝承され、今日に至っている。それは権威主義的、軍国主義的国家の解体であり、イデオロギーや理想、体制の根本的な転換だったからである。

しかし、このような断絶の意識にも、当然疑ってよい面が存在する。敗戦によって直接にもたらされたのは秩序や規範の解体に過ぎず（しかも解体はすでに戦中に始まっていた）、そのことがただちに新しい民主的国民の誕生を意味するなどということは考えがたい。

こうした断絶の戦後観は後世の作り物ではないかという疑問が生じてもおかしくはない。それに加え、戦後の開始の象徴としての、昭和天皇によるいわゆる玉音放送がなされた一九四五年八月十五日という日付自体が、天皇によって平和がもたらされたという神話に結び付いていることも指摘されている。

社会科学や社会思想の学問領域においても、戦後の断絶を疑う「戦中戦後連続論」が提起され、しばしば論壇で取り上げられてきた。この連続論によれば、戦中の国家統制経済（動員体制）のなかにすでに「現代化」が始動しており、それは敗戦によるイデオロギーの転換とはあまり関係なく、戦後の日本を作りあげた。かつて戦争を指導した総力戦体制が戦後の平時においてもずっと継続され、その結果が高度経済成長であり、官僚優位の政治構造だとされる。この立場からは、「現代」とは戦時平時を問わず、戦争のための動員体制が継続しているような時代ということになる。

連続論の政治的立場は一様ではない。日本が戦中も戦後も疑似社会主義的であったとし、そこからの脱却を目指す立場が存在する。このような立場は、一九八〇年代後半に日本経済が世界のなかで「独り勝ち」し、それとともに日本批判が発生して日本異質性論が主張された時期とも関係している。それゆえ、一九八〇年代以降に盛んになった、規制の撤廃と小さな政府を主張する新自由主義的な思考と親近的でもあり得た。

他方では、連続論は左派、とくにニューレフトの立場に近い人々からも主張されてきた。それは一九六〇—七〇年代に現れた管理社会論の潮流につながっている。現代社会はマルクス主義の正統派を中心とした旧左翼が長く信じてきたような、資本家階級と労働者階級のあいだの階級闘争によって捉えることはできない。労働者階級も相対的に豊かになる一方、支配しているのは階級でも個人でもなく、非人称的な「システム」と言うべきものである。

この新左翼的立場は、近代の高度化の帰結としての現代化に対して、階級闘争のみならず、自由とか人権とかいった近代の理念は無力であると説く。そのような「現代化」に対しては、もはや日本国憲法で表現される近代の規範も、またマルクス主義における労働者を中心とした階級闘争も無効とされ、代わって脱システム的な社会運動の必要が説かれることが多い（山之内 1996）。

こうした連続論には、その政治的含意はさまざまであるが、一定の説得力があることは否定できない。連続論の立場からすると、すでにその時点で時代遅れになっていた日本の戦後思想は、近代の立場に固執し、それを欧米という教師からありがたく受け取って無反省かつ楽観的に受容したものと解釈される傾向にある。それゆえ、丸山眞男のような「近代」主義者よりも、近代の暗黒面を深く捉えていたドイツのフランクフルト学派などの方がずっと現代的であると評価される。また留保付きながら、京都学派などの「近代の超克」の思想が再評価されるということも生じてきた。

しかし、こうした見方は、戦後思想に対する単純化、平板化を免れていないように思われる。丸山眞男をはじめとする戦後の思想家たちは、決して手放しで戦後を称賛したわけではない。あとで見るように平和と民主主義で代表される戦後の理念や制度は、もちろん日本人自身の関与に依るところもあったが、重要な部分がアメリカを中心とする連合国によって与えられたという面があることは否定できない（そのことが「押し付け」だとして非難される理由になるかどうかは別問題である）。このことは「進んだ」制度と「遅れた」意識という二重性を生む。

戦後の思想的リーダーたちは、たとえば官僚制の支配であったり、企業丸抱えの労働組合であったり、根強く残る農村の有力者支配（いわゆる「封建遺制」）であったりと、戦後のなかに潜むこうした非民主的とされる諸要素に非常に敏感だった。戦後に新しく脚光を浴びた学問のひとつに法社会学があるが、この学問はそれ自体が（近代的な）制度と（伝統的な）慣行とのあいだのギャップを問題化することに主要な関心が注がれていた。戦前戦中と戦後とのあいだの連続が力を持っているからこそ、戦後派の主張が現実と対立する規範として成り立っていたのである。

このように、同じく戦後とは言っても、現実に進行していた戦後と、理念としての戦後とが区別される必要がある。戦後派の社会科学者の思想は、戦後の現実を受け入れるのではなく、戦後という未完の企てに含まれる現実の批判者として振る舞ってきた面が大きい。ここで戦後の現実とは、たとえば冷戦の開始後における「逆コース」と呼ばれた保守化の、なしくずし的な進行であったり、戦後の混乱期から高度経済成長期まで連なる「欲望自然主義」的な民衆の意識であったり、行政から労働組合にまでおよぶ権威主義的な体質であったり、さまざまだった。

ひとまとめにされて擁護の対象になったり、また非難の対象になったりしてきた「戦後」であるが、それをより分節化して扱う必要がある。そのような試みのひとつとして、小熊英二による、「第一の戦後」と「第二の戦後」の時期的な区別がよく知られている（小熊 2002）。小熊は、通常「戦後」の特徴として把握されるものの多くは、「もはや戦後ではない」と言われた一九五五年頃以後に形成されたのであって、それ以前の「戦後」とは異なることを示すことによって、しばしば流通している「戦後」批判が的を外していることを明らかにした。この指摘は重要だと思うが、本書では時代の区切りとは別に、領域の別によって「戦後」の多義性を明らかにしてみたい。

「平和と民主主義」の理念としての戦後

まず日本の戦後は、日本国憲法の規範に結晶する平和と民主主義の理念としてあり続けている。これはもちろん、戦前戦中の軍国主義に対抗し、戦争の結果生じた惨禍を二度と生じさせないという決意に由来している。世界の民主主義の歴史にあっては、民主主義がかならずしも平和を最優先してきたわけではなく、民主主義の擁護のためには戦争も辞さないという考え方は古くから存在するが、戦後日本においては軍国主義（民主主義の否定）と戦争とが不可分に結びついていたため、平和の願いは民主主義と強く結合することになった。

戦後日本の民主主義は、戦争の惨禍を二度と繰り返さないという決意が日本国民のあいだに広く共有されたことで受け入れられたのであり、もっぱらアメリカに押し付けられたものだというのは当たっていない。アメリカに対する報復感情はきわめて抑制されたものであり、アメリカを中心とした占領軍による改革は、小さな抵抗はあっても、基本的には順調に進行した。アメリカ軍は「解放軍」と受け取られた。これは日本が戦争中には「特攻隊」などの神がかった精神主義で恐れられたことを考えるならば、占領軍にとっても意外なことであった。普通の日本人にとって、それだけ戦中の軍部の支配に対する憎悪が強かったといえる。

しかし、当時の多くの日本人が、日本の新たな出発を歓迎しながらも、それを根本的な制度の変革に結びつける構想力を持ち得たかというと、多くの改憲草案にみられるように、それは十分とはいえず、憲法をはじめとする民主主義の諸制度の多くが、占領軍によってもたらされた。「進んだ」制度と遅れた「現実」のあいだに存在する落差がつねに問題にされた。戦後思想は「戦後啓蒙」とも呼ばれるように、遅れた民衆を指導する、知識人による上からの改革という面を持ち続けたこともまた事実である。

戦後改革の担い手として期待された主体のなかで、とくに労働組合は中核的な位置を占めた。占領軍（GHQ）は当初、日本の民主化にとって労働組合、労働運動は必要であるとして好意的だったが、まもなく冷戦が本格化し、日本に共産主義のイデオロギーを浸透させないという目的で、さまざまな圧力を加えるようになった。実際、敗戦後まもない時期には、経済が破壊され、貧困者が街にあふれ、社会秩序は大混乱のなかにあったから、共産主義革命もあながち夢想とは言えないような状況だった。

このように日本の戦後がほどなく冷戦に巻き込まれたことにより、当初の権威主義・軍国主義vs.民主化・近代化という軸に、自由主義vs.共産主義という対立軸が割り込んだ。共産主義は民主主義の味方なのか敵なのかをめぐって、戦後の思想は分岐し対立した。またこの時期のナショナリストや右派は、戦争中の敵国であり占領者であるアメリカに対して敵対的であってもおかしくないはずだが、反米を掲げることがなかったのは、アメリカの力の圧倒的優位に加えて、何より反共であるためにはアメリカの力に依存するほかなかったからである。ここに日本のナショナリストの屈折の端緒を見ることができる。逆に、当初はアメリカ主導の戦後改革を期待していた左派の側に反米の契機が生じ、一九六〇年の安保闘争へとつながっていく。

日本国憲法は、普遍的で世俗的な理想主義の理念を表現していた。軍隊の非保有を定める規定のなかに、日本の軍国主義の復活を断つことでアメリカの安全を確保しようとするアメリカの国益が作用していたというのは誤ってはいないだろうが、それだけではない。アメリカの対日占領政策は当時のアメリカにおけるニューディール的なリベラル、進歩主義によって指導されていたことは重要である。日本の武装解除と平和主義が、冷戦の深刻化によりアメリカの反共政策にかえって障害となるのは皮肉な結果だった。

現在、日本に限らず世界中で、日本国憲法にも含まれているような普遍主義的で世俗主義的な近代の規範が窮地に立っている。一方ではナショナリズムの高まりがあり、ポピュリスト勢力によって前面に押し出されている。そして国民国家を超えるような普遍の可能性があるとすれば、それは多くは宗教によって担われている。このような「宗教の復讐」などと言われる事態も、一九七〇年代以前には考えにくい事柄だった。キリスト教、イスラム教といった宗教は、自らの神の普遍性を主張するが、諸々の宗教を超えて承認されるような宗教的普遍性は、残念ながら見出されてはいない。そしてそれぞれの宗教内部における争いも際立っている。日本国憲法は、戦前戦中における国家神道の支配や信仰の自由の抑圧への反省から、政教分離を徹底しようとした。このような世俗的で公的な理念（平和と民主主義）は何によって支えられてきたのだろうか。

こうした平和と民主主義の理念が、戦勝国からもたらされた性格を否定できないにもかかわらず、戦後に広汎に受け入れられたのは、ひとつには戦争の惨禍があまりにも酷いものであり、軍国主義を繰り返してはならないという意識が強く共有されたことによるだろう。それは理念としてだけでなく、敗戦国民の心情や宗教的感情に訴えるものを有していた。先にも触れたように敗戦の日となった八月十五日は、天皇によるいわゆる玉音放送が行われた日であり、正確にはポツダム宣言を受諾して敗戦が決まった日（八月十四日）ではない。戦中と戦後の断絶を象徴すべき日付が、逆にあたかも平和が天皇の下賜によって与えられたかのように、それ以前との連続を意味することになったのも皮肉である。しかし天皇への帰依《きえ》という感情が、その内容が変化しつつもつながったことにより、戦後の価値が安定して受け入れられたという面も否定できない。

しかも八月十五日は仏教における盂蘭盆《うらぼん》の日でもある。戦争で亡くなった膨大な数の死者の魂が慰霊される日となった。ところで本来の仏教では現世は忌避されるものだったが、日本の仏教では柳田國男が説いているように、祖先の魂は遠くへ去ってしまうのではなく、村の比較的近辺にいて、生きている子孫たちを見守っていると信じられてきた（柳田 1946→1975）。お盆はそのような祖先の魂を迎え、また送り出す行事である。敗戦の日と民間信仰とが重なることで、戦争の記憶は半ば年中行事化し、民俗的な宗教的心情と一体化していく面を持った。次第に経済が復興し、平和な生活が戻ってくるにつれて、自分たちの今の幸福な生の礎《いしずえ》となってくれた戦死者への感謝の念が、毎年の追悼には込められるようになった。

こうして、第二次世界大戦の敗戦の記憶は、アメリカをはじめとするかつての敵国を憎む方向には進まなかった。連合国の占領政策が被占領下の日本人とのあいだに摩擦を生じたことはもちろんあったが、総じて敗戦国民が戦勝国への憎悪をほとんど生みださなかったのは画期的だったと言える。それと同時に、自国の戦中期の戦争指導者や軍部に対する憎しみや、あの頃には戻りたくないという感情が戦後の平和主義を民衆のレベルで強く後押ししたにもかかわらず、戦争指導者の責任を論理的に厳しく追及する方向にむかうことも少なかった。さらに、このような戦争の記憶にあっては、自分たちもアジア諸国に対する侵略戦争に何らかの加担をしたのではないかという加害者性への反省が入り込む余地が乏しかったことも問題だった。実際、戦後の日本が独立を回復する過程で沖縄が犠牲にされたことは本土側ではあまり意識されず、沖縄が一九七二年に日本に返還された後も、今に至るまで深刻な問題を残している。

戦後日本の平和の理念は、原子力兵器に反対する運動や安保反対運動などを契機に何度も盛り上がりを見せるが、戦争の生々しい記憶が遠ざかるにつれて、傾向的には日本人の意識から次第に後退し、近年はその傾向が加速している。国家が国民や領土を防衛するのは当然であり、そのための手段としての軍事力は欠くことができない、とする「ふつうの国」の発想の方が通りやすくなった。実際、平和と不戦の理念は冷戦下での日米安全保障条約によって大きく掘り崩され、日本は朝鮮戦争やヴェトナム戦争に基地を提供するなどして加担してきた。憲法は明文では改正されなくても、いわゆる解釈改憲によって、とくに九条の平和主義と非武装は現実を正当化するために骨抜きにされてきた。

こうした現状への追随と平和主義の空洞化のそれぞれの節目において、「革新」側は政府に対する抗議を行ってきた。左派の立場からは、憲法理念と、日米安保にもとづく対米従属との根本的な非両立性が繰り返し批判されてきた。今でもこのような思想を継承する人々は少なくない。ただ、結果として見れば敗北の連続であった戦後平和主義への失望が強まってきたことも否定できない。左派のなかにも平和主義を含む戦後の理念を無力で欺瞞的な虚妄とする批判が存在し、一九六〇―七〇年代の新左翼運動のなかでそうした戦後理念への攻撃は公然化した。その後世界各国の相互依存やグローバル化が進むなかで、世界の平和構築の目的で、自衛隊の海外派兵が行われるようになったが、こうした国際的活動と憲法の定める平和主義のあいだの不一致もまた問題とされてきた。

このように戦後のプロセスと国際環境の変化のなかで、戦後の平和主義は繰り返し問われ続け、右派のナショナリストはもちろんのこと、リベラルや左派のなかでも異論は存在し、平和主義の位置付けは激しく揺らいでいる。「戦後の清算」を主張する立場はとくに憲法九条をターゲットにしてきた。これは戦後の政治体制にとって、九条の平和主義への態度が何より根本的な意味をもったことを示している。

戦後日本の政治体制にあって、長く政権を担当してきた保守政党は当初から憲法の平和主義に疑いを持ち、改憲を党是とする政党であるのに対して、憲法理念は政権担当の可能性が乏しい野党によって擁護されてきたことが特徴的だった。野党のなかの社会党や共産党は社会主義政党であり、平和運動が社会主義と密接に関係していたことが、冷戦の終焉とともに限界をもたらすことになった。

しかし、戦後日本は今に至るまで独自に核兵器の保有や開発をしてこなかったし、自衛隊の活動にも一定の歯止めがかけられてきた。そのような背景には憲法の理念が存在したことも明らかである。政治が理念通り行われることなど望むべくもないことを考慮するならば、平和主義が果たした役割は決して小さいものだったとは言えない。

政治経済システムとしての戦後

第二次世界大戦の敗北は日本の経済と国民生活をどん底に突き落とした。窮乏生活は戦中よりもむしろ敗戦後の方が過酷だったと言われるが、やがて経済復興が始まり、敗戦の十年後には戦前の経済水準を凌駕するに至り、さらにその後も奇跡と呼ばれた高度経済成長が続く。このような経済復興と発展には、日本の戦後に特徴的な政治経済システムの形成がかかわっていた。戦後のこうした現実的な面が、先に触れた戦後の理念の面での「平和と民主主義」とどのようにかかわっていたかと問えば、そこには皮肉な関係がみられるだろう。

理念の面で「戦後」を評価する知識人の多くにとっても、政治経済システムとしての「戦後」

はむしろ問題の多い欠点だらけのものとして捉えられていた。農地解放や財閥解体のように経済活動の民主化に効果のあった改革もたしかに存在した。しかし、財閥は実質的に復活するなど、戦後経済システムは戦前戦中との連続面を残す不徹底なものと批判されることになる。労働については、労働基本権が認められて労働組合が復活するが、企業別に組織された日本の組合は交渉力に限界があり、民主主義の制約要因とされた。農村では小作農から自作農に変わったといっても旧地主層の影響力は残存し、権威主義的な農村のあり方はあまり変わっていないとする議論も法社会学などで提起された。そして何より、保守政党の支配が続き、政権交代の可能性が乏しいことが、以上のような経済システムの民主化を妨げていると論じられることが多かった。

こうしていわゆる戦後思想の側は、戦後のあり方をそのまま肯定したわけではなく、現実の政治経済システムには批判的な距離をとり、それを日本国憲法に代表される戦後の理念からみれば不十分なものとみなした。彼らの知識人としての位置も、こうした批判的距離にもとづいていた。しかし、現に国民を生活させるということがなければ、理念だけで生きていくことができないこともたしかである。ほとんど飢餓状態から出発した戦後日本は、朝鮮戦争による特需の恩恵を受けるなど、さまざまな問題を含みつつもとりあえず経済的な復興には成功した。このことは重要であり、当時の日本国民の努力や国際環境が有利に働いたことに由来するものである。戦後民主主義の意義は一般の人々の勤労による「私的」な豊かさの達成であって、戦後知識人の理念などは関係がない、とする吉本隆明の主張はたしかに無視できない面がある（吉本 1960→1986）。戦争によって大きく傷つけられた国民のアイデンティティを「奇跡の経済成長」が穴埋めし、経済成長に成功したことがその後長く戦後日本のアイデンティティとなったことは否定しがたいものがある。

しかし戦後日本が高度経済成長を達成し終え、「追いつき追い越せ」型の近代化が終焉して以後、以上のような政治経済システムの特徴が、日本の将来の可能性を制約する要因として浮かび上がってくることになる（戦後の清算をめざす構造改革はそれへの対応である）。そのとき、丸山眞男をはじめとする戦後思想による「戦後批判」がさまざまに「再利用」される（たとえばオランダ人ジャーナリスト、カレル・ヴァン・ウォルフレンの著作のように）。

理念の部分と現実の政治経済の部分とがどのように組み合わされていたのか、戦後の理念を担った知識人たちはこれをどのように批判し、またはたしてオールタナティヴを持ち得ていたのかどうかが問われるべきだろう。

五五年体制

戦後政治の特徴については、いわゆる「五五年体制」がキーワードとなる。これは小熊英二らの指摘にあるように、戦後の混乱期が終わり、経済も戦前のピークを超えて「もはや戦後ではない」と政府白書に記された一九五五年に、自民、社会の二大政党がそれぞれ合併によって誕生したことで名付けられたものである。しかしこの体制はその後長く維持されることで、「戦後」の終わりではなく、むしろそれ以後の「戦後」（第二の戦後）を特徴付ける政治体制として、広くその名が知られるようになった。

「五五年体制」は一般に以下のように特徴付けられる。

①一見して二大政党制に似るが、その一方である社会党は政権担当の能力も意欲も持たず、獲得議席も与党である自民党のおおむね半分程度である（「1と1/2政党制」）。

②それゆえ保守政党である自民党の長期政権が成立し、政権交代による民意の反映は期待できない（一党優位性）。

③自民党は明確な理念に基づいた政党ではなく、派閥の連合体としての性格を有する。長く行われたいわゆる「中選挙区制」は、選挙区ごとに自民党が複数の候補者を当選させることができたため、諸派閥に適当に議席を配分し、派閥均衡を実現するのに有効だった。

④万年野党である社会党はイデオロギー政党であり、資本主義体制はいずれ革命によって崩壊するという認識から、政権に参加する意欲は乏しく、政府を批判することにもっぱらその役割を見出してきた。

⑤自民党の一党支配はしかし、変動する民意と全く無関係になされたわけではない。民意が政府に著しく批判的になったと認識すると、自民党は自党内で立場の異なる首相に取替える「疑似政権交代」によって危機を乗り越えることを得意としてきた（例：岸内閣のあとの池田内閣、田

中内閣のあとの三木内閣)。

⑥自民党の長期政権化により、自民党政治家と官僚とのあいだに固定的で強固な結びつきが形成されてきた。政権交代がないことは、官僚が長期的な計画を立案しそれを実行するうえで有利な条件であった。しかし政治家が官僚制に過度に依存する行政国家化が生じたり、また逆に官僚制が自民党政治家によって私物化されたりするなど、民主主義のうえでは多くの問題を抱える体制となった。さらに汚職などの不祥事が多発し、また国際環境や経済のあり方などが大きな転換に直面したさいには(例:冷戦の終結、高度経済成長の終焉)政策転換が困難になるというような問題も指摘されるようになった。

このような「五五年体制」からの脱却は、日本の戦後政治学の悲願とも言うべきものだった。一九七〇年代の多党化の時代、冷戦が終結した八〇年代末などには「五五年体制」の終わりが言われ、日本政治学会の学会誌『年報政治学』などでも、その度ごとに「五五年体制の崩壊」が特集された。しかし、自民党支配が崩壊したように見えたあとも、代わりの政権は長く続かず、いつのまにか自民党政権が復帰するパターンが繰り返されてきた。続く章では、戦後政治学の代表者と目されてきた丸山眞男を取り上げ、「戦後」がどのように理論化されたのかを検討してみたい。

第二章
丸山眞男とその時代

一　丸山の生涯と著作

具体的に「戦後」日本の思想と社会について語る場合、これまでもっとも多く言及されてきた人物は丸山眞男だった。あとで丸山に対する評価について見るように、丸山には極端と言ってよいほど賛否両論が分かれているのだが、賛否の両方に共通して見られるのは、日本の戦後思想について丸山を抜きに語ることはできず、丸山が重要だという認識である。

私は丸山ばかりが取り上げられることにいささか問題を感じる者だが、しかし丸山の「思想と行動」が戦後の数多くの主題とその変遷に関連しており、また丸山に対する賛否双方の応答が、戦後の諸特徴や諸問題を浮かび上がらせる点で重要であることは否定できない。それゆえできるだけ簡潔に丸山の諸著作とそれらの特徴、およびその実践的意図について触れておきたい。

敗戦まで

まず丸山眞男（一九一四―九六）とはいかなる人物だったのか。戦中からとくに戦後、東京大学法学部において政治学、日本政治思想史を講じた教員であり、そのような啓蒙エリート的立場から戦後思想をリードしてきたと把握されるのが一般的である。しかし、丸山は典型的な東大法学部エリートというのとはかなり異なっているし、戦後のある側面には批判的でもあった。また後で触れるように、とくにいわゆる全共闘世代からは、東大の権威の象徴として神話化されることもあった。ここでは一般的な見方からはみ出ると思われる諸点も含め、丸山の生涯と業績について見てゆくことにしたい（苅部 2006 も参照）。

丸山は当時かなり知られたジャーナリストの丸山幹治を父として、一九一四年に大阪に生まれた。父幹治は『大阪朝日新聞』『大阪毎日新聞』などで論説を担当し、反骨的であったらしい。この時代はまだ大正デモクラシーの機運があったが、一家が東京に移り関東大震災を経験するころから状況は変化してきていた。一九三一年に丸山は一高に入学するが、この年には満州事変が起こっている。一高で三年のとき、丸山は突然治安維持法違反の疑いで特高警察に逮捕され暴行を加えられる。その理由はたんに「唯物論研究会」主催の講演を聞きにいったというだけであり、まもなく釈放されているが、国家権力が個人の信条というような内面の問題に暴力的に踏み込むことができる当時の日本の政治制度に、丸山は根源的な嫌悪と疑いを持つようになる。

丸山は中産階層の比較的裕福な家に生まれ、大阪でも東京でも大都市に広がりつつあった消費生活のモダニズムに浴していたが、国家権力によるこうした野蛮がすぐ裏に存在することを垣間見たと言えよう。そして京都帝国大学では滝川事件が起こり、また共産党が壊滅するなど、言論の自由が封じ込められるさなかに丸山はその青年時代を過ごした。このような経験と、時代の変化に敏感なジャーナリズム的感覚が、戦後を通じて丸山の学問の特徴を形成していくことになる。現在では戦前を悪く描くことを自虐的だと嫌悪する向きが多いが、丸山の経験を通して自由な言論が許されない社会の暗さがいかなるものかを想像してみることは重要であろう。

丸山はもともとドイツ文学あたりを専攻したかったというが、一九三四年に東京帝国大学法学部政治学科に入学した。当時同大学の政治学科では、矢部貞治《ていじ》、蠟山政道《ろうやままさみち》らスタッフが、計画経済や独裁など時局に関係する主題を論じていた。戦時動員体制への移行を積極的に評価しようとする政治学者たちにとっては、このような時局の変化は「近代」から「現代」への発展として肯定的に捉えられるものだった。

アカデミズムにデビューする前の丸山が、懸賞論文として書いた「政治学に於ける国家の概念」（丸山 1936→1996）には、国家の観念の変化が捉えられている。この論文では、国家と社会を分離する近代的で自由主義的な国家概念の限界が論じられるとともに、それを克服しようとするファシズムの全体主義的国家概念もまた批判され、個人の自由と国家による強制とを統合した第三の弁証法的国家概念が提唱されている。

戦後の丸山が近代的な自由主義的国家を擁護したと一般に考えられていることから見れば、戦前のこのような自由主義への低い評価は意外に思われる。またヘーゲル的な弁証法の論理の形だけを借りた観念的な産物と見ることもできる。しかし、学生時代の丸山が当時流行していた思考法に依り、「近代の超克」論ともある程度の接点を持つ議論を展開していたことはむしろ自然なことでもあり、丸山が近代主義一辺倒というわけではなかったことを示している。

懸賞論文の出題者であり審査員であった南原繁教授を指導教官として、丸山は卒業後法学部の助手となり、助手論文「近世儒教の発展における徂徠学の特質並にその国学との関連」(丸山 1940a→1996)を書き上げる。この論文が評価されて、丸山は新設の「東洋政治思想史」講座の助教授に昇進する。もともとこの講座は、日本精神の高揚を狙って開設されたものだったが、丸山の着任は、時局に迎合することをよしとしない南原の意図によるものだった。このように丸山のアカデミズムでのキャリアは、政治の動向と密接にかかわっていた。

さて丸山のこの助手論文は、助教授昇進後に書かれたもうひとつの重要な論文「近世日本政治思想における『自然』と『作為』」(丸山 1941→1996)とともに、日本政治思想史というジャンルを確立するうえで決定的な貢献をすることになる。丸山はヨーロッパにおける思想の近代化(マキアヴェリ、デカルト、ホッブズ)を規準として、日本の徳川時代にも思惟《しい》の面における近代化が見出されると主張した。

丸山によれば、正統派朱子学においては自然と規範が連続することで、現存の社会秩序が自然的なものとして正当化されるのに対し、荻生徂徠の学では自然と規範の連続性が断たれ、規範はもっぱら中国古代の「聖人」たちが示した道（聖人の道）に求められる。そのことにより、イデー（たとえば自然法的規範）に対するペルゾーン（聖人の「人格」）の優位が導かれるとされる。

丸山のこれらの論文の意図が近代性の擁護にあることは明らかだが、通常想像される近代擁護とは非常に異なっている。まず開国に伴う海外との接触によって近代化が本格的に展開する幕末・明治期ではなく、徳川時代に眼を向け、しかも幕藩体制に対する批判者たちではなく（安藤昌益などは出て来るが、論文中の役割は限定的である）、むしろ徂徠に代表されるような幕藩体制の維持や復興を志す側に、「思惟様式における」近代性が見出されるとした点がユニークである。

丸山がここで用いたような思想史の構成法は、その内実についてみれば今日そのまま擁護されるものではない。林羅山らの正統派朱子学が幕藩体制に浸透したドグマであったこと自体疑わしく、それに対抗して登場した古学派、古文辞学派（徂徠を含む）は伝統への批判というよりは、儒教の日本化の文脈で把握されるのが普通である（こうした批判は後年の丸山も承認するに至っている）。またマキアヴェリとホッブズ、デカルトを思考の近代化の方向性で並置することも、スコラ哲学をたんに体制維持的だとする解釈なども、今日では通用するとは思われない。丸山のフレームワークは、日本とヨーロッパの両方について思想史の研究が緻密に進んだ現在の時点からみればたしかに限界だらけではあるのだが、だからといってこれらの論文が戦後になって多くの議論を触発するようになった意義を否定することはできない。

これらの論文は、当時の日本の支配体制、とくに総動員体制を直接に批判したものではない。しかし徂徠が「公」と「私」とを区別し、個人の個性を重視するとともに公権力に関わらない領域では私的な自由を認めた、と丸山が解釈している点などは、特高警察に逮捕された事件以来丸山が問題としてきた、個人の内面への政治権力の介入への批判を思わせるものがある。個人の自由の尊重のためには、政治権力の道徳規範からの自律が必要だと丸山は考えていた。

徳川時代の徂徠と並んで、丸山が日本の思想家として高く評価するのは、明治の福沢諭吉だった。丸山が戦中に書いた福沢論（丸山 1943→1996）では、福沢の見解をもとに、個人と国家とを対立物として捉える見方が批判されている。福沢によれば、個人が自律してはじめて国家が強くなり、また国家が自律してはじめて個人が存在できる。これは丸山がナショナリストであったことを示すとともに、当時の個人主義を否定する国家主義に対して、それでは強い国家も不可能であるとして、抵抗の姿勢をとっていたと見ることができる。丸山が徴兵される直前に書いた論文「国民主義の『前期的』形成」（丸山 1944→1996）においても同様の立場が見出される（後述）。

丸山は一九四四年に軍に徴兵され、朝鮮に向かう。帰国後再び広島宇品《うじな》に召集され、ここで原爆投下によって被爆する。丸山は以後もこの被爆体験について多くを語らなかった。丸山にとって敗戦はどのように経験されたのか。後年の丸山には戦後民主主義のリーダーのイメージが強いが、丸山自身が回顧しているように、たとえば天皇制に関しての丸山の突き放した見方は敗戦とともにただちに形成されたわけではなかった。丸山においてさえ戦前戦中との断絶の意識が当初からあったわけではなく、断絶として「戦後」を捉えるという考え方は、むしろ事後的に形成されたとも言える（丸山 1965a→1996）。

戦後の日本ファシズム批判

丸山が本来の思想史研究の専門領域を超えて、一般の読者層を対象として政治学の論文を発表するようになるのは、戦後まもなくの頃である。これらの論文はいずれも日本がなぜあのような愚かな戦争に突入していったのかを、近代日本の社会秩序の病理に分け入って問題とする関心に貫かれていた。

後に『現代政治の思想と行動』に収められることになる三つの論文「超国家主義の論理と心理」（丸山 1946→1995）、「日本ファシズムの思想と運動」（丸山 1948b→1995）、「軍国支配者の精神形態」（丸山 1949a→1995）が多くの読者を得ることになるのは、あの異常な戦争と軍国主義の由来を、上の世代のマルクス主義者も自由主義者も明らかにできなかったなかで、まだ若い研究者だった丸山のいわば手作りの分析が、時代の急所を押さえていたように思えたからである。

第一の論文は、この三論文のなかで最も生硬でドイツ哲学的な感じを与えるものだが、その主要な主題は、近代国家は「中性国家」であるのに対して、日本国家はそうではなかったという点にある。ここで中性国家と丸山が呼ぶのは、真理とか道徳とかいった内面的価値の領域に国家は立ち入らず、教会や個人の良心に委ねるようなあり方を指す。主権は強力であっても形式的な法機構の上に置かれるので、個人の内面の自由を侵害しない。興味深いのは、丸山がこの中性国家という用語を右翼思想家のカール・シュミットから借用し、しかもシュミットがこれを克服すべき自由主義の国家観としているのに対して、丸山はこれを擁護する文脈で用いている点である。

中性国家でなかった日本の国家は、つねに道徳によって自己正当化をせざるを得ず、ナチスのような「無よりの決断者」ではあり得なかった。また「上から下への支配の根拠」が「天皇からの距離に比例」するため、地位に依存しない自由な主体は存在の余地がなく、自由な主体性に基礎を置く独裁も存在できない。天皇もまた祖先崇拝に縛られた伝統的支配者に過ぎず、自由な（自ら決断する）独裁者とはかけ離れている。

丸山の以上のような自由と独裁とを結びつける考え方は、「戦後」思想の標準的な理解から離れたユニークな性格を有するとともに、それ自体多くの問題を孕《はら》むものといえる。

第二の「日本ファシズムの思想と運動」は、戦前戦中の右翼運動について時期区分をするとともに、思想的、社会学的により具体的な考察を加えている。丸山が日本の右翼運動の特徴として挙げるのは、まず（たとえば「天皇の赤子《せきし》」という表現が示すような）家族主義的な傾向であり、これは公的なものと私的なものの未分離を示している。つぎに農本主義的傾向であり、人工物としての国家よりも、自然的とされる郷土が愛好される。こうして日本の右翼思想は、反都会的、反工業的であり、また反中央集権的であって、反国家的でさえあった。この点は工業化を必然とし工場労働者の支持を取り込んだナチスとは決定的に異なると丸山は指摘している。

現実に二十世紀の戦争には工業化が不可避なのであり、それを正視することができない日本の右翼運動は、非計画的、空想的になるしかなかった。インテリの積極的な支持を得ることができなかった右翼運動は、学校教師、僧侶といった地方の「擬似インテリ」に担われた。彼らは大きな権力を有しているわけではないが、自らの小さな世界においてはいわば「小天皇」的な権威を振るった。これは日本の軍隊において下士官が大威張りし暴力を常習化していた構図と類似する。このように「日本ファシズム」はその矮小性《わいしょう》によって特徴付けられるとされる。

丸山は自らの批判する対象を「超国家主義」「日本ファシズム」などと呼び、名称は統一されず、かならずしも厳密に語を用いているわけではないのだが、これらの論文の意図は、何と呼ぶかを別として日本に生じた事柄をファシズム一般に解消したり、ナチスに近づけたりするのではなく、反対にナチスとは対照的な性格を有するものとして特徴付けようとする点にあった。その性格は第三の論文においてもっとも顕著に表れる。

戦争犯罪人を裁く東京裁判に取材した「軍国支配者の精神形態」は、裁判での被告たちの発言から、日本の政治指導者たちの責任についての意識を取り出そうとするものである。この論文では、ナチス指導者と日本の戦争指導者たちの類似性ではなく、その対極性が捉えられる。ナチス指導者の多くがアブノーマルな本来のアウトローだったのに対して、日本の指導者の多くは異常者どころか、高学歴の秀才であり将来を約束されたエリートだった。なぜこのような真面目な秀才たちが、あのような無謀な戦争を行ったかが問われることになる。

丸山はこのような日本の戦争指導者の問題として、「既成事実への屈服」と「権限への逃避」を挙げ、この両方が「無責任の体系」を作りあげたのだと論じた。それは日本ファシズムの「矮小性」を表現するものであり、ナチス指導者たちの露骨な権力意志の発現とは対照的である。日本の指導者たちは戦略を持つことも決断をすることも出来なかった。このような特徴は、日本の政治指導者たちが官僚と変わらない行動様式に固執することで生み出されたと丸山は見ている。「政治家上りの官僚はやがて官僚上りの政治家となり、ついに官僚のままの政治家（実は政治家ではない）が氾濫する」（丸山 1949a→1995）。

この論文の最後で、丸山は有名な「みこし」「役人」「無法者（浪人）」のモデルを提示している。無法者はナチスの場合と違って権力中枢に入らず、その意欲も欠いていて、ただ政府を突き上げるにすぎない。政府の頂点にあるのは、実権を持たず担がれているだけの「みこし」であり、実権は役人が握っている。しかしこの役人は政治的決断のできない無責任者の集団だというわけである。政治変動が下から生じることはあっても、民主的な政治統合の可能性は期待できない。

戦後知識人としての丸山

一九五〇年代から六〇年安保闘争に至る時代は、丸山の知識人としての活動が最も目立った時期だった。この時代は、戦後の日本社会が「知識人」という存在を最も必要としていた時代だったとも言える。その中心的な主題は、占領を終わらせる講和条約に関する問題を発端とし、戦後の根幹を成す平和憲法の擁護に連なるものであった。

一九五〇年に「平和問題懇談会」の研究報告書として出された「三たび平和について」（その第一・二章が丸山執筆、丸山 1950b→1995）は、西側諸国だけでなく共産圏諸国を含めた「全面講和論」に伝説的なインパクトを与えた文書として知られている。このなかで丸山は、まず原爆に代表されるような兵器技術の発達だけでなく、産業や交通の発達によって戦争が「世界戦争」となったことから書き出している。戦争の破壊力があまりに巨大化したことにより、現代ではどのような崇高に見える目的であっても、戦争による犠牲を正当化することが出来なくなった。本来何らかの目的の手段であった戦争は、もはや手段としての意味を失った。原子力戦争の時代にあっては、「最も現実的たらんとすれば理想主義的たらざるを得ない」のである。

「二つの世界」のイデオロギー対立のゆえに戦争は不可避である、とする見方は誤っている、と丸山は指摘する。対立は東西のイデオロギー対立に尽きるものではなく、ナショナリズムのような他の対立軸もある。また米ソ当局者たちが全面衝突を回避するよう努力をしているのであり、二つの世界の平和的共存を否定する理由はない。両体制はソ連においてスターリン批判後市民的自由が伸長し、一方アメリカでは経済に計画化の要素が取り入れられるなど、むしろ接近が見られる。イデオロギー対立を絶対化するのは愚かであり、「中立」こそが日本の進むべき道である。

この時点での丸山の世界政治の見方は、後にダニエル・ベルが「イデオロギーの終焉」を説いて両体制が似通ったものになるといったもの（ベル 1960→1969）に、意外にも近い。ベルの終焉論は階級闘争を否定するものとして左翼から嫌われたが、一九八〇年代末の冷戦終結で実際に生じたことは、ベルの構想よりも一方的な左翼の敗北であり、丸山のこの時点での見解も、現在から見れば社会主義圏への期待がかなり大きなものだったと映るだろう。

関連した主張は、「ある自由主義者への手紙」（丸山 1950a→1995）や「『現実』主義の陥穽」（丸山 1952→1995）でもなされている。ここで対話の相手として想定されている「自由主義者」とは、右の全体主義（ファシズム）とともに、左の全体主義にも毅然とした態度でもって闘うべきだとする立場の人々を指す。冷戦の深刻化とともに、日本はアメリカ側に付いてソ連と対決すべきかどうかが問われることになった。自由主義を共産主義と対立するイデオロギーとして把握するならば、左の全体主義と対決すべきとする立場が肯定されることになるが、それでよいのだろうか。

丸山はこのようなイデオロギー的な自由主義あるいは民主主義の理解から距離を取ろうとする。たとえば「民主主義の防衛」の名のもとに、せっかく実現するようになった勤労大衆の労働運動などの組織的行動を抑圧するならば、それは日本社会の民主化の可能性を否定し、現状のボス支配によるコンフォーミズム（順応主義）を温存することになる。丸山によれば、労働組合はソ連の味方だという嫌疑がかかっているが、労働組合の強いところでは自由があるのに対して、弱いところでは労働者は卑屈であって、猜疑《さいぎ》心やエゴイズムが支配している。丸山はイデオロギー的な理由ではなく、むしろプラグマティックな面から、左翼運動が持つ民主主義への可能性を評価した。

丸山はもちろんイデオロギーとしての共産主義に与《くみ》したわけではなく、しばしば共産主義の思考様式を「基底還元主義」（現象を真なる本質の顕現とする、すなわち政治やイデオロギーをもっぱら基底としての経済関係に還元しようとする考え方）として批判してきた。この共産主義批判もプラグマティックな観点からなされていると言えるが、ここではやはりプラグマティックな立場から、戦後日本での左翼運動が民主主義や自由の拡大に貢献すると評価されているわけである。丸山はいわば「反・反共」の立場を採ったと言えるが、それはもちろん共産主義と等しいわけではないことが重要である。

「『現実』主義の陥穽」論文は、「三たび平和について」の全面講和論が「現実的ではない」とする批判に応えて書かれたものである。しばしば「現実」とは、すでに所与のものであって「現実だから仕方がない」というように捉えられるが、その結果多くの場合支配者層の選択する方向のみが「現実」であると考えられやすい。しかし、丸山によれば「現実」は所与に尽きるものではなく、日々作り変えられていくものであって、固定的に考えられてはならない。ここにも丸山の特徴的な政治観、実践観が表れている。

講和問題に続いて丸山が政治運動の前線に登場し、大きな影響力を持ったのは一九六〇年の日米安全保障条約の改定に伴う安保闘争においてであった。これは、冷戦下での自民党政権の右傾化、いわゆる「逆コース」に対して、戦前の復活であるとして反感を抱いていた革新派勢力が、安保条約締結十年目に予定されていた改定において、新安保条約の承認を目指す政府に対してそれを阻止しようとして盛り上がった一大運動だった。もとは日米軍事同盟の是非をめぐるものであったこの争いは、自民党の岸信介政権が、国会に警官隊を導入して反対議員を強制的に排除し、強行採決を図ろうとしたことで、政府の専制から「民主主義を守れ」とする国民運動としての性格を強めていった。国会前に集まった反対者たちのデモは学生運動（全学連）を中心に急進化し、国会突入を図るなど騒然とした状況となった。それまで概して運動に好意的であったマスメディアであったが、国会突入に直面して、逆に暴徒から国会の民主主義を守れ、とする論調も現れた。このように安保闘争は、国論を二分すると同時に、民主主義とは代表制に尽きるか否かが深刻に問われる契機にもなった。

丸山はこの運動にかかわるなかで、「この事態の政治学的問題点」「復初の説」などの時事的な論説を発表している（丸山 1960b→1996）。まず前者で丸山は、民主主義の主体を国民が選んだ代表（国会議員）に限り、代表に反対することは民主主義に反するとする考え方を「院内主義」と呼び、これを批判している。民主主義は議会内部だけのものではなく、国民は自らが選んだ代表の行動をずっと見守る必要がある。さらに丸山は、議会での多数の意思がすべてだとする多数決主義」の限界を指摘している。ここには民主主義をめぐる根本的な分岐点が存在することが示唆されている。それは一九六〇年代後半になって世界的な思潮となる「参加民主主義」を先取りするものでもあった（Ⅲ部参照）。また近年の政治改革では、選挙で多数の議席を得た与党が民意を体現するとみなして、もっぱら政府に強い実行力を求める傾向があったが、政治改革の議論がしばしば丸山に依拠していながら、丸山が議会の意思の絶対化を戒めている面を見落としていたことに注意する必要がある。

「復初の説」および「八・一五と五・一九」で丸山は、国会へ警官隊が導入され安保改定につながった日付である「一九六〇・五・一九」は、日本の戦後の原点である「一九四五・八・一五」を想起させることになる、と述べている。ここには政治の記憶が反復的契機を有することが明らかにされている。たしかに新安保は成立し、そういう意味では反対運動は敗北した。しかし、その敗北を通してむしろ戦後民主主義の原点が明らかになったことを、丸山は前向きに捉えようとしていた。丸山の「八・一五」は何らかの実在的な内容を指すというよりも、安保闘争の経験を経て新たに作為的に設定された日付であると解釈できる。

後年、吉本隆明は「擬制の終焉」（吉本 1960→1986）という評論を書き、丸山をはじめとする戦後派が擬制（フィクション）にすぎないものを有難がっていることを批判した。また第一章でも触れたが、近年では、戦後思想が天皇の玉音放送の日でしかない八・一五という日付にこだわることの問題性が指摘されてもいる。しかし、丸山の意図からすれば、むしろ彼は「八・一五」のフィクション性を正面から認め宣言したとも言える。日付は出来事を客観的に記述するというよりも、その日付を記念することによって、新たな政治的実践の出発点を創出するのである。政治を「自然」に対立する「作為」だとした戦中の日本思想史研究での考え方をここにも見出すことができる。

「前衛」からの撤退と日本思想史への沈潜

丸山は六〇年安保を境として、戦後続けてきた政治問題への時事的なかかわりから遠ざかるようになり、論文等の執筆数も減少していく。そして大学闘争を期に、長年勤務した東京大学法学部教授の職を定年前に辞職している。

このような変化にはさまざまな要因が考えられる。丸山自身が「夜店を出した」ようなものと語る論壇での活躍からいわば本業のアカデミックな研究に戻りたいという希望、健康問題、そういう個人的状況に加えて、「安保後」の日本政治には、これまでのような明確な焦点が欠けているようにみえたこともあった。丸山は、批判の対象であった右翼の後退に加えて、自らの知的活動のライヴァルとしてきたマルクス主義もまた退潮するなどの状況の変化も、「スランプ」の原因だなどと語っていた。高度経済成長の進行とともに、少なくとも表面的にはイデオロギーが退場し、これまでの政治の語りが通用しにくくなる時代を迎えたと言えよう。

すでにこのような変化は、一九五七年に岩波講座のために書かれ、後に同名の岩波新書に収められた「日本の思想」（丸山 1957b→1996）に現れている。この論文では「日本思想史」がそもそも可能なのか、それが困難なのはいかなる理由によるのか、という大きな問いが立てられる。日本の思想の内容は、古来、外国から入って来た仏教、儒教、そして近代になるとヨーロッパ思想などによって満たされてきた。しかし、それらは伝統との対決をすることなく、最新ということで受容され、古くなると忘却されるということを繰り返して来たため、「思想が歴史的に構造化される」ということがない。「歴史とはつまるところ『思い出』」（小林秀雄）という見解が生じるのも、日本の思想史のこのような無構造性に由来するとされる。

このように日本においては外来思想が「無限抱擁」される一方で、ときに外来思想を排除する動きが生じることもある。丸山によれば日本古来の神道は、「のっぺらぼうにのびた布筒」のようなものであり、時代ごとに仏教などと融合してその内容を埋めてきたが、本居宣長の「からごころ（漢意）」の排除や明治の仏教排撃にみられるように、中身を清掃する作業が要請されることがある。しかし、外来物は非難され排除されても、もとの日本思想の空虚さ自体は問題とされない。

丸山のこの時点での見方によれば、日本の思想は近代化が遅れているから問題なのではなく、変化はしても変化の意味が失われてしまうことが問題だということになる。それゆえ「近代」どころか「超近代」が最新流行の思想として持ち込まれながら、それが「前近代」と矛盾なく並存するということも普通に起こる。かつて丸山は、日本ファシズムを批判する論文で、農本主義や家族主義に日本の近代化の遅れの問題を見たのに対して、経済成長が進行中に丸山が見たものは、近代化の遅れではなく近代化の意味の喪失だった。また戦中に書かれた荻生徂徠を中心とする日本思想研究では、ヘーゲルを範とした弁証法的発展を日本思想史に見出していたのに対して、ここではそうした弁証法が作用しない日本の知的風土が問題にされているのである。

このような丸山の批判が、今もなお（残念なことに）決して時代遅れになっていないことは、その後一九八〇年代の「ポストモダニズム」の大流行と、それがほぼ何も残さず消滅してしまった一例を挙げれば十分であろう（Ⅳ部参照）。

ここから「歴史意識の『古層』」（丸山 1972→1996）への道をたどることは容易である。この「古層」論文では『古事記』『日本書紀』のいわゆる記紀神話に含まれる発想様式が、その後の日本思想を規定してきたことが論じられる。丸山が問題にするのは、「日本の思想」の場合と同じく、思想の内容ではなく内容を超えた思想のあり方の特徴であり、この論文では音楽用語を借りて、「（執拗な）持続低音（basso ostinato）」と表現される。これが記紀神話から丸山が取り出した、「なる」「つぎ（つぎつぎ）」「いきほひ」の三つの「基礎範疇」である。ユダヤ・キリスト教での世界創造（「つくる」）とは対照的な、自然の生成力に依存する「なる」という発想は、その連続性や無窮性を表現する「つぎ（つぎつぎ）」を伴い、「いきほひ」を言祝《ことほ》ぐ。生命的な力、生長、増殖が、人間の社会においてそのまま賞賛の根拠となる。日本語の「自然」には「おのずからなる」という意味はあっても、欧米語のもととなったnaturaのような、「物事の本質、あるべき秩序」といった意味は乏しい。このような世界観のもとでは、究極目標は存在せず、進歩というよりも生物的な無限の適応プロセスが存在するのみであり、価値を持つのは「いま」の勢いだけだということになる。

『古層』論文のラストで丸山は、「神は死んだ」というニーチェの不吉な予言を引用しつつ、世界がいまやこうした日本に同化し、日本が世界の先端を走っていると語ってこの論文を閉じている。

二　丸山批判

先にも触れたように、丸山は多様に解釈され、現在もなおその評価が定まっているわけではない。一方で丸山は熱心な支持者や追随者たちを有し、戦後民主主義の体現者であり、戦後日本社会科学界の良心であるとして称えられてきた。直接に丸山に教えを受けた門下の人々に止まらず、そうした尊敬は一般の読書人たちにも広く及んできた。他方で丸山は、しばしば批判や糾弾の的となり、あたかも戦後の日本社会や日本の学問の欠陥の多くが丸山から発しているかのような責任追及がなされてきた。こうした論争状況は、丸山の死後も消沈するどころか、かえって激しくなった。つまり現在の日本にとって、「戦後」がなお問題であり続け、憲法改正論や戦争責任論などをはじめ「戦後」が問われるたびに、いずれの勢力も丸山に依拠し、あるいは批判の対象として、丸山を議論の軸として戦後を論じることに熱心だったわけである。

このような過剰さは、もちろん世代による違いとも関連しており、私などにとってはいささか付いていけない感じがする。「戦後」を論じるうえで丸山以外に重要な人物も当然いるし、忘れられた思想家を発掘する方が意義深いかもしれない。より問題なのは、以上のようなイデオロギー的な（いいかえれば敵味方的な）読みによって、丸山の諸テキスト自体に含まれる多義性が失われることである。丸山は戦後的価値の擁護者と言われるが、戦後のすべての面を肯定したわけではなく、ある意味では戦後の現実の厳しい批判者でもあった。民主主義についても、丸山はその危険な面についての指摘を忘れることはなかった。

すでに膨大に丸山論が存在する状況で、なお本書で丸山に多くの紙数を割こうとするのは、できるだけ冷静で公平な丸山像を描いてみたいということもあるが、もうひとつの理由は、このそれぞれに問題の多い丸山論の広がりが、結果として戦後の論争領域のかなりの部分を照射することになっているからである。興味深いことに、丸山は戦後的価値を否認する右派によって批判されてきただけではなく、左派、とくにそのなかの新左翼（ニューレフト）と呼ばれる思想潮流によって、激しく糾弾されてきた。批判の理由もまた、丸山がナショナリズムの意義を認めなかったという右派からのものがある一方で、丸山がナショナリズムを肯定しマイノリティを軽視したことを非難する左派からのものも存在している。

また丸山が民衆の味方をして国家権力の重要性を顧みなかったことを非難するものもあれば、丸山が民衆を見下ろす知識人の立場からしかものを見ていなかったことを問題にするものも存在する。このように、丸山論には多くの矛盾や混乱が含まれており、それ自体が戦後とは何であったかを再検討するうえで興味の対象となっている。

右派からの批判

まず右派からの丸山批判のひとつの典型として、佐藤誠三郎《せいざぶろう》「丸山眞男論」（佐藤1996→2009）を挙げることができる。佐藤は丸山と同じ東京大学法学部に学び、丸山についてはいろいろと留保したうえでの批判なのだが、とくにナショナリズムと国家の点から丸山を批判している。佐藤によれば、丸山はエタティスム（国家主義）を後進的とみなしていたが、これは正当ではない。丸山は第二次大戦中に日本が敗けることを待ち望んでいたが、これは健全なナショナリズムに反する態度である。また、戦後日本の内政と外交についての丸山の判断は、ほとんど系統的に間違っていたとする。丸山はトマス・ペインの定式のように、民衆を善、政府を悪として捉え、民衆に過度の信頼を置くとともに政府の反動化（ファシズム化）を根拠なく問題視した。共産主義体制に対しては判断が甘く、共産圏に対して期待していたが、それはすべて失敗だった。また核兵器の意味を過大評価し通常兵器による戦争の局地化の努力（たとえばキッシンジャー）を軽視してリアリズムを失った、等々。

これらの要素の多くは、丸山を左翼インテリの典型と捉えて批判する右派的な解釈に常に伴ってきたものである。そのなかには通常兵器による戦争がなお重要性を持っているなど、注目に値するものもないわけではないが、これまで見てきたことからも明らかなように、丸山の思想の単純化、一面化が顕著である。ただし、興味深いのは、これから見る丸山に対するニューレフト側からの批判が、丸山について全く逆の事柄（たとえば丸山の民衆からの遊離、ナショナリズムの過剰）を問題にしてきたという事実である。

とくに丸山に限ったことではないが、いわゆる戦後啓蒙の知識人たちは、保守的な論者によって、現代社会に伴うあらゆる好ましくないものの責任を負わされてきた。たとえば私的な権利主張の過剰と公共的秩序や道徳の衰退、家や地域共同体の崩壊、「アメリカニズム」などの原因が戦後の知識人の思想にあったという批判である。こうした論難は一見してもっともらしく思われるかもしれないが、丸山自身が戦後の状況をそのまま肯定することからは遠く、とくに敗戦後の私的欲望の噴出を「欲望自然主義」として問題視していたことを考えるならば、これは標的を誤った批判と言わざるを得ない。「戦後」が経済発展と物質的富裕化のイメージで捉えられるようになるのは、丸山が戦後を代表する知識人として活躍した時代よりも後のことになる。

大衆が欠落しているという批判

つぎに丸山批判においてとりわけ目立つ、いわゆる全共闘世代（日本におけるニューレフトに当たる）とそれに深くかかわる人々からの批判を取り上げてみたい。まず挙げるべきなのは全共闘世代に伝説的な影響力を与えたとされる思想家、吉本隆明（一九二四―二〇一二）の丸山論である。

吉本には「丸山真男論」（吉本 1962→1987）があり、そのなかで丸山の戦中戦後論には生きられた大衆が欠落していることを批判している。また丸山の『日本政治思想史研究』において、吉本が重視する伊藤仁斎よりも荻生徂徠に高い評価が与えられていることに関して、丸山が政治的なものを倫理の上に置くことを問題にする。これらは丸山に対する批判として有効かどうかはともかく、吉本の関心と丸山の関心のあいだのすれ違い、違和感を示すものと見るならば興味深い。

吉本が丸山をはじめとする戦後思想全般に対して行った批判として、「擬制の終焉」（吉本 1960→1986）が重要である。吉本は安保体験や、またスターリン主義の崩壊とも結びつけて、「真理」によって指導する共産党などの戦後進歩勢力の終焉を説く。このなかで吉本は、丸山のファシズム批判が「虚構」としての民主主義の極限に立つと批判している。丸山の立場も吉本にとっては共産主義の「前衛」神話と変わらないとされる。吉本にとって評価すべきであるのは、丸山が批判した「私的利益を優先させる」戦後世代の「大衆」以外にはない（この点で丸山批判の方向が保守派からのものと全く反対になっていることに注意）。戦後を作りあげた功績は、丸山をはじめとする知識人たちではなく、「大衆」に求められる。吉本が否定的に用いた「虚構（フィクション）」は、丸山にとって肯定的な意味で用いられるキーワードであり、これについては後ほど検討することにしたい。

ヨーロッパへの見方に対する批判

続いて哲学者、加藤尚武《ひさたけ》の『進歩の思想・成熟の思想』（加藤 1993）所収の二つの丸山論（一九八六年、八七年に初出）を取り上げたい。加藤はもともと優れたヘーゲル哲学の研究者であり、後には環境倫理、生命倫理など新しい応用倫理学を日本で先駆的に論じるなど、幅広い活躍をしてきた人物である。加藤による丸山批判のポイントは主として以下の二点にある。一つは丸山の日本批判における日本とヨーロッパの比較が公平ではないことへの批判、もうひとつは丸山のヨーロッパ思想、哲学史の理解が浅薄であるとする批判である。

第一の点について、丸山は日本の知的状況について各専門分野相互がつながっていない「タコツボ」であるとして批判し、各専門が共通な土台へとつながっている「ササラ」型としてヨーロッパ思想を特徴付けるが、加藤によればこれはヨーロッパの不当な理想化であって、ヨーロッパでも議論の共通な基盤があったかどうか疑わしい。丸山はいわば、「望遠鏡で見たヨーロッパ」(理想)と「顕微鏡で見た日本」(現実)とを対比しているにすぎないのであり、日本が悪く言われるのはこのようなやり方の当然の結果なのである。

第二の点についてはさらに辛辣である。加藤は、丸山がその主要な著作である『日本政治思想史研究』で使う政治哲学の用語は、「厳密に言えばすべて間違い」だとする。たとえば丸山が徂徠の聖人に帰した「無よりの創造」は、キリスト教の創造神に擬したものだが、徂徠の場合は(材料が先にあって形を与える、プラトンの言うデミウルゴス神であっても)キリスト教の創造神ではありえない。「デカルト=近代的主体性」なる定式化は十九世紀ドイツ哲学、とりわけフィヒテ主義によって後世作られたものにすぎないのだが、丸山はこれを無批判に用いている。これらは西洋にあって日本にないものを無理やり日本思想のなかに見出そうとしたこじつけである。丸山の西洋哲学の知識は「旧制一高の秀才の常識程度」に過ぎない。さらに丸山の方法は、法の支配、ルール、制度について具体的に語ることは少なく、「心情としての近代性」しか捉えられないため、「ファシズムがまた来る」といった狼少年的なパフォーマンスによって正当化されることになってしまう。

以上のような加藤の丸山批判は、今日の日本でのヨーロッパ思想史の研究水準を前提にすれば、ほぼ当たっているとも言えるが、丸山がこれらの研究を遂行していた時代の制約を考えるならば、やや酷な批判とも取れる。ただし、丸山の支持者には丸山の研究の内容をそのまま墨守する傾向もないわけではないことを考慮すれば、専門家からのこのような指摘にも意味があると考えられる。今日なお丸山が読み継がれるのは、日本思想史についてひとつのパラダイムを作りあげたことにあって、そのパラダイムが問題なく受け入れられるゆえではない。むしろそれが問題的であり、つねに議論を呼び起こしていることがその存在意義であると言える。また、加藤の批判の一点目であるヨーロッパと日本の不公平な比較についても、おおむね当たっている指摘だと私も思うが、こうした比較がもたらした発見にも意義がないわけではない。丸山の言っていることを、今日では文字通り受け取るわけにはいかないとしても、今もなお無視できない問題を指摘している点に丸山の非凡さがあると言えよう。

戦時動員へ協力したという批判

最後に、全共闘世代に当たる中野敏男『大塚久雄と丸山眞男』（中野 2001）における丸山批判を一瞥しておきたい。この著作の基本線は、常識によれば戦中の日本ファシズムと闘い戦後デモクラシーを擁護した英雄とみなされている大塚久雄や丸山眞男が、じつは戦中には戦時動員体制に協力していた、という解釈を提示することにある。

まず大塚久雄（一九〇七―九六）については、現在では言及されることが少なくなったかもしれないが、東京大学経済学部で戦後日本の経済史学をリードし、丸山と同じく戦後の社会科学思想を代表する人物であった。近代資本主義の精神的起源に関して、マックス・ウェーバーの『プロテスタンティズムの倫理と資本主義の精神』にもとづき、営利欲ではなくむしろ古カルヴィニズムに由来する自発的な禁欲こそが、近代資本主義の「精神」を生み出した、と説いた。この議論は、日本の資本主義が正常に発達するためには、欲望ではなく超越者のもとに服従する禁欲的な精神の変革が必要だとする実践的主張と結びついていた。

ところが、日本の資本主義（経営者も労働者も含め）に欠けているのは主体性と自発性だとする大塚の立場は、戦後に始まったものではなく、すでに戦中期の論文「最高度〝自発性〟の発揚」（大塚 1944→1969）のなかにも見出される。中野はこれなどを問題視し、大塚のよく知られた勤労倫理、自発性の高揚の主張は、もとは戦時動員体制への国民の協力を要請するものであったと批判する。その考え方は戦後になると民主主義の名のもとでの国民経済の発展の主張に転用されたというものである（これは「戦中戦後連続論」の主張につながる）。

中野によれば、丸山も大塚と同様、戦時動員体制に期待した面があったという。しかし、大塚よりも若年であった丸山の場合、直接に戦時動員に協力したような言動はほとんど存在しない（「或日の会話」と題された小文がわずかに近衛独裁への期待を示唆するくらいである）。中野は丸山の日本思想史論文を「危機の思想家＝徂徠」論と捉え、論文執筆時にあった独裁への時局の要請をそこに重ね合わせている。他にも、丸山の学部時代の国家論にも、近代の危機を超克する「弁証法的全体主義」を見出し、ナショナリズムと民主主義を結合しようとする丸山の主張のなかに、国民の総力を動員する意図を読み込む、といった具合である。丸山がシュミットらの影響を受けて、強い指導者による政治的決断に期待をしていた面があることは事実である。しかし、これらを直接に戦中や戦後の国家動員を丸山が支持した根拠と見るには不十分である。あとで見るように、丸山にはこうした、政治が社会の全面を支配することに抵抗しようとする重要な側面があることは無視できず、中野の解釈が一面的であることは否定しがたい。

中野は丸山が一貫して近代日本の主体性を肯定的に描き、そうすることで周辺化され抑圧される「沖縄」「アイヌ」そして「朝鮮」の問題への十分な配慮をせず、近代の帝国主義的側面を見落としてきたと批判している。この批判が丸山にかんして公平な批判かどうかはわからない。ただし、丸山以後の政治空間の変容によってこのような主題抜きに「戦後」を語ることができなくなったことも確かである。

三　丸山の諸論点

日本の「規律権力」

加藤尚武は先に触れたように、丸山は日本を「顕微鏡」で見てあら探しをしていると皮肉を言った。この項で取り上げるのは、そうした顕微鏡的観察にかかわるものと言えるが、そのようなやり方が功を奏したとも言えるような主題である。また吉本隆明が丸山の軍隊体験などに言及し、そこから生まれた考察が丸山自身の生活実感に即したものであって、そのことが丸山をたんなる学者以上のものにした、と限定的ながら評価している事柄にも関係している。

丸山は戦中の日本に、政治権力の過剰ではなく、むしろ本来の政治権力の不在を見出した。政治権力がないとすると、権力が働いてないわけではないのだから、政治権力とは別種の権力が作用しているはずである。丸山は日本社会のこうした権力の作用をたとえば軍隊内の暴力的秩序に見出し、それを「抑圧移譲」のような概念でもって説明した。軍隊内暴力は多く軍曹や伍長といった下士官によって兵に対してふるわれたが、これは下士官がより上位から来る抑圧を、自らより立場の弱い者に対して暴力をふるうことで転嫁するといった説明である。このような概念は素朴なものであるが、現在の日本社会になお根を下ろしている、たとえば学校の運動部での先輩から後輩へ向けられる暴力のように、日本社会の闇とも言えるものであり、個人の自由を奪って同調を強要する作用であって、軽く扱うわけにはいかない。丸山はこのような権力関係を、政治権力不在のもとでの矮小なものとして、心底軽蔑していた。

より広い文脈で見るとき、このような政治権力とは異なる性質の権力のひとつに、一九七〇年代頃からフランスのミシェル・フーコーをはじめとする人々によってさかんに説かれるようになった「規律権力（disciplinary power）」がある。

政治権力は通常の理解では、権力を担う主体（A）を前提とし、これが他の主体（B）に作用して、Aの作用がなければ起こらなかったはずのものをBに生じさせたさいに、AからBに権力が行使されたと認識される。これに対して規律権力は権力の行使に自律した主体を想定しない。フーコーは通常の権力論の想定を逆転させ、「権力が主体を形成する」面を捉える。ベンサムが考案した一望監視監獄（パノプティコン）は、監視塔に看守がいるかどうかと関係なく、一方的に眼差されるだけの囚人は服従する身体、従属的な主体として形成される。こうした監視による従属的な主体形成を行う権力は、近代化のなかで、軍隊、監獄、病院、学校など、領域を超えて社会に浸透していったことは、フーコーとその後の研究によって今では広く知られている。

丸山が日本社会の病理として見出した権力の作用と、一九七〇年代以後に規律権力として扱われるようになる作用とが、内容的に似通っているというわけではない。しかし、政治権力以外の社会に通底する権力の発見という点では共通性を見出すことができる。これらの権力作用はかならずしも国家によってなされるわけではなく、社会のさまざまな領域で作られ、個別的な環境に適応して蔓延するゆえに、その態様もさまざまであって、容易に一般化できるものではない。

丸山が見出したタイプの権力の作用は、今日の日本でも形を変えて存続している。後でまた取り上げるように、一九八〇年代にウォルフレンは、『日本／権力構造の謎』〔ウォルフレン 1989→1990〕などの著作においてこうした日本における権力作用の問題点を指摘した。すなわち、目立った権力者がいないにもかかわらず、メンバーは所属する集団に強い拘束力を感じ、それに抵抗することが困難な状況が作り出される。その結果誰も望まない秩序が存続し、支配的な地位にある者も含め誰も自由だと感じてはいない奇妙な状態が出来上がっている。ウォルフレンは、日本では支配者は不在で、「システム」が支配しており、そのもとではすべての人が不幸であると結論付けた。

ウォルフレンがこのような丸山を想起させる日本批判を展開した一九八〇年代は、日本の経済力が強大で、その独り勝ち的なあり方が世界から「日本異質性論」として批判されていた時代だった。その後バブル経済の崩壊を契機として日本経済は長期不況に陥り、世界における経済的地位も低下するとともに、国内では格差や貧困の増大をはじめとして社会経済的状況は大きく変化した。そして新自由主義的政策が導入され、戦後日本を特徴付けてきた大企業の年功賃金、終身雇用といった「会社主義」をもたらすとして批判されてきた慣行も大きく変わった。しかしそうした変化にもかかわらず、今日でもなお、学校を支配するいじめや教師の暴力、些末で無意味な規則、いわゆるブラック企業の問題、ネット上での誹謗中傷など、こうした息苦しさは枚挙にいとまがない。

政治における決断の意義

戦中にその学問を形成した丸山が、ドイツの同時代の右翼思想家カール・シュミットに強く影響を受けていたことはよく知られている。丸山が当時のナチスの御用学者は軽蔑していたのに、なぜシュミットについては学問的関心を向け、「敵から学ぶ」ことの重要性を説いたのか。丸山論において繰り返し問われてきた問題であるが、ここでは先行研究に学びながら簡略に検討してみたい。

丸山が戦中に書いた日本思想史研究において指摘されていたことのひとつは、近代日本には「国家理性」の観念が脆弱なことであった。このような国家の権力性と中央集権化は民主主義に反するように思われるが、当時の丸山はかならずしもそう考えていたわけではなかった。丸山は、典型的にはフランス革命に見出されるような支配の正当性の転換が、政治の近代化には不可欠であると考えていた。その転換の知的な基礎づけには社会契約説、すなわち万人による「作為」の思想が必要とされたが、その前段階として君主の絶対的権力によって作為された主権権力の確立が求められた。丸山は政治的近代化の文脈で、社会契約の考え方にもとづく革命によって、君主の作為は全員の作為へと移行することを想定していた。丸山にあっても、社会契約説（近代革命）を準備するための（君主）主権の概念の確立といった、今日では疑問のある目的論的な歴史解釈が行われていたと言えよう。したがって国家主権の確立は「進歩的」ということになる。しかし、国家主権の確立が政治的近代化にとって必要であることを認めたとしても、そのために右翼思想家として当時から知られていたシュミットを援用するのは極端に過ぎるのではないか、という疑問も生じる。シュミット自身は丸山のような進歩的な史観を共有していなかったから、なおさらである。シュミットと丸山の関心の一致とズレの両方に着目して簡潔に検討してみたい。

丸山のシュミットへの言及は戦中から始まっており、シュミットが最もナチスに接近した時代の著作、『国家、民族、運動』への書評などでシュミットへの興味関心が語られている。丸山の主要著作では、「自然と作為」論文においてシュミット『政治神学』の「近代国家論の重要な概念はすべて神学的概念が世俗化したもの」という見解が引かれている。このほか、政治は決断である、というシュミット的思考が、「イデーに対するペルゾーンの優位」「無よりの決断」というように、かたちを変えて出現する（権左 1999）。また先にも触れたように丸山が、日本が「中性国家」ではないゆえに国家権力が無制約に個人の内面に入り込むと批判するさいに、「中性国家」という表現はシュミットに由来するが、シュミットはこれを世俗化した自由主義国家を批判する文脈で用いていたのに対して、丸山は逆に近代国家のあるべき姿として描いている。

丸山が東京裁判における被告人の答弁に取材して書いた「軍国支配者の精神形態」では、日本の戦争指導者たちの「矮小性」が、確信犯的な悪の遂行者であり狂信者でもあったナチスの指導者たちと対比されている。日本の指導者たちは将来を嘱望されて出世の階段を上ってきた優等生であり、悪の自覚なしに悪に加担したため、既成事実への屈服や権限への逃避に弁解の道を求めざるを得ない。このように日本のケースが政治の不在を、ナチスの方が「政治的なもの」を体現しているような印象を与える記述となっていることは否定しがたい。もちろん丸山がナチス指導者たちを賞賛する目的でこのような対比を行ったわけではないことは明白である。

この文脈で問題とされているのは、「無責任の体系」ということばで知られているように、政治責任の不在であり、丸山はその原因を政治の官僚制化に求めている。もちろん官僚は官僚としてそれぞれの権限内において責任を負うはずのものであるが、この論文では官僚固有の責任の取り方については言及されていない。その結果、(本来の)政治家＝責任主体、官僚的政治家＝無責任という図式が出来上がっている。すなわち、丸山は日本の戦争指導者について、マックス・ウェーバー的な責任倫理の不在を問題にしたかったのだが、ナチス指導者との対比によって、「責任」の存否が「決断」の存否へと移行している。

責任と決断とはもちろん同じことではない。ナチス指導者は丸山の言うように決断主体であったとしても、責任主体だったかはきわめて疑わしい。決断は基本的にひとりでするものだが、責任はつねに誰か他者を必要とし、他者のために責任を負うのである(「世界史に責任を負う」といった用い方もあるが、このような具体的他者を想定しない責任の多くは欺瞞的である)。決断主体でなければ責任を負い得ない、というのは成り立つかもしれないが、決断主体であればかならず責任主体であり得るということは誤りである。責任を負う主体を政治家に求めることは正当であるが、決断と責任とが区別されないために、丸山の議論は過度にシュミット的な決断主義の性格を強めている。ウェーバーの政治観はシュミットに影響を与えたが、ウェーバーとシュミットを同一視することはできない(佐野 2003)。丸山自身は、このようなシュミット的決断主義から次第に距離を取っていく(權左 1999)が、後の日本の政治改革での丸山の読まれ方にはこのような問題が影を落とすことになる(Ⅳ部参照)。

ナショナリズムについて

前項で扱った国家や主権の問題と、ナショナリズムの問題とは、関係はあるが同じものではない。たとえばナチスは国家よりもドイツ民族を上位に置き、党こそが民族を代表するものだとした。シュミットが結局ナチスに受け入れられなかったのは、国家を民族よりも偏重したと見られたことがその理由のひとつだった。

丸山は戦中から一九五〇年代前半までは、ナショナリズムについて盛んに書いていた。丸山は一貫して、ナショナリズム自体は悪いものではなく、ナショナリズムを正しく民主主義と結びつけることが課題であると主張してきた。このあたりは現在の左派とはかなり異なる立場だと言えよう。

丸山のナショナリズム論について検討するに先立ち、現在の諸学問におけるナショナリズムの論じ方について簡単に説明しておきたい。

ナショナリズムを論じるうえでの対抗構図は、「原初主義（primordialism）」対「近代主義（modernism）」というのが一般的である。原初主義とは、民族には民族を特徴付ける何らかの根源が存在し、それは民族の歴史をどこまでも遡って探求することができるとする立場である。それに対して近代主義は、民族（ネイション）は近代化のなかで作為的に形成されたものだと考える。原初主義が民族を構成する何らかの実体あるいは本質（たとえば身体的特徴、言語、宗教など）を実在のものと捉える（本質主義）のに対して、近代主義の立場では民族は何らかの目的のためにその道具として作られたと考えることが多い（道具主義）。原初主義の立場では民族は国家よりもはるかに古いとされることが多いが、近代主義では民族は国家形成の必要とともに出来上がったと考えることが一般的である（この場合、ネイションには民族と国民の両方の意味が含まれる）。

ナショナリズム運動の当事者においては、民族の根源性を主張する政治的動機から原初主義が優越する傾向があるが、ナショナリズムの学問的議論においては圧倒的に近代主義が有利な位置を占めてきた（もっとも近代ナショナリズムに先立つ民族の萌芽を前近代に認める、アンソニー・スミスのような説も存在する)。近代主義が優越する理由のひとつは、民族の実体ないし本質とされてきたものを学問的に承認するのが困難なことである。ある民族が、人種的に均質で、かつ宗教も言語も均質であるようなケースはきわめて稀である。しばしば(おそらく誤って)民族に関する本質主義的な議論の先駆者とされてきたフィヒテの有名な『ドイツ国民に告ぐ』においてさえ、自然的特徴や宗教、さらには言語によるドイツ民族の特徴付けも乗り越えられてしまい、ドイツ民族である資格はただ思考の根元性にのみあるとする結論に至っている。

丸山は戦時中、応召の直前まで書き続けた「国民主義の『前期的』形成」と題する論文のなかで、近代主義的で反本質主義的な立場を明確に打ち出している。彼は十九世紀フランスの古典学者エルンスト・ルナンの有名な言葉、「国民とは国民たろうとするものである」を引きつつ、民族の根底に客観的な本質ではなく、主観的な意志を置いている(ルナンの言う「国民とは日々の人民投票」)。これは近代的思惟の形成を「自然」から「作為」への転換に求めた丸山の日本思想史研究の立場と合致する。

丸山はこの論文のなかで、幕末の日本思想に、外圧によって封建的関係を超えたナショナリズムの意識が、富国強兵論や尊王攘夷論、一君万民主義などのかたちをとって出現してくることに意義を見出しながらも、それが「前期的」なナショナリズムに終始したことがその限界であったとする。ここで「前期的」というのは、大塚久雄の経済史学での「前期的資本」を念頭に置いた用語であり、近代化が不十分で伝統を脱し切れていないことを意味している。「前期的」に止まった理由として、尊王攘夷論を説いた後期水戸学においても、下層民衆への信頼の欠如が決定的であり、広く国民とともに国家防衛に当たろうとする発想には至らなかったことが挙げられている。国民を再武装化することでもある徴兵制度は、武士と農民の区別を否定するため、平等な国民を抜きにしては成り立たない。

丸山の戦後におけるナショナリズムの理論的著作「日本におけるナショナリズム」（丸山1951→1995）は、欧米およびアジア諸国との対比における日本のナショナリズムの特殊性を問題とする。まず、「ヨーロッパの古典的ナショナリズム」にあっては、近代のネイションが成立するに先立って、普遍主義的要素（ローマ・カトリックおよび神聖ローマ帝国）が存在し、ナショナリズム成立後もなおそのようなヨーロッパ共同体の理念が影響を持続した。貴族は国際主義的であったため、貴族に対抗する新興ブルジョワジーがナショナリズムの担い手であり得た。それに対して、武力で威嚇されて強制的に国際関係に引き込まれた日本では、外敵からの防衛を担う伝統的支配層がナショナリズムの主体となる一方で、人民は信頼されず、支配層にとっては人民が猜疑と恐怖の対象となった。

日本を除くアジアの諸国（中国、朝鮮、インド、マレー、インドネシアなど）は、いずれも植民地化された経験を持ち、そのなかで自国の支配層が帝国主義勢力と関係を結んだために、それに対抗する民族解放運動のナショナリズムは非常に急進化し、自国においても社会革命的性格を帯びる。

以上のように、ヨーロッパと（日本以外の）アジアでは、性格は全く異なるがともにナショナリズムがデモクラシーと結びつく契機を得たのに対して、「日本のナショナリズムだけが民主主義との幸福な結婚を知らない」と丸山は指摘する。その結果生じたことが、ナショナリズムの地方割拠性だとされる。「日本ファシズム」に関する論文でも指摘されていたように、丸山によれば日本のナショナリズムは家族や村落など第一次集団の延長にイメージされることが多く、戦中の動員体制にあっても、こうした地方割拠性は克服されることはなかった。敗戦後動員解除が行われると、ナショナリズムもまたいわば動員解除され、古巣である地方の「テキヤ」「闇商人」あるいは暴力団組織へと戻っていって、くすぶっているような状態である。

この時期の丸山のナショナリズム論を現在の時点から振り返ってみると、まずナショナリズムは右派のもので左派は国際主義（国連中心主義）といった、今日の一般的図式が成立する以前のものであることが印象的である。この時代に決定的な影響を与えたのは何よりアジア・アフリカの民族解放のナショナリズムであり、日本の左派もこの動向に大きく影響された。とくに日本のマルクス主義における民族解放闘争、アジアの民衆との連帯の主張は、「アメリカ帝国主義」批判と結びつく反米ナショナリズムの形態で現れた。丸山の場合、ナショナリズム論における原初主義に傾きやすいマルクス主義の人民闘争史観とは一線を画しつつも、民主主義を支えるナショナリズムの必要性を説いた。「ナショナリズムを民主主義によって合理化する」とともに「民主主義をナショナリズムによって非合理化」することが重要であるとする丸山の考え方（丸山 1951→

1995）は、代表的な国際政治学者、坂本義和のナショナリズム観にも影響を与えている（坂本 1967）。現在の時点から意外に思われるのは、一九五〇年代前半の丸山が日本におけるナショナリズムの衰退を予感していたことである。丸山によれば、もともと戦時下のナショナリズムの高揚は、地方的で割拠的な右翼勢力が戦時動員によって結集していたにすぎず、戦後の動員解除によって、これらの勢力が地方の暴力団組織のような古巣に戻っていった。こうして敗戦後の日本では、危険な右翼ナショナリズムが勢力を失うとともに、民主主義とナショナリズムを結合する期待もまた遠ざかったとされる。この後の日本では、高度経済成長を経て、七〇年代以後大国意識を背景とした新たなナショナリズムの台頭をみることになるが、それについて後年の丸山はあまり語ってはいない。

「政治的なもの」とその限界

戦後の丸山の現代政治論を集めた著名な論文集、『現代政治の思想と行動』（丸山 1957a）の第三部は、「『政治的なるもの』とその限界」と題されている。これまで見てきたように、丸山はときにシュミットなどの危険な議論もあえて使用しながら、日本における「政治的なもの」の欠如を問題としてきた。このように丸山は「政治的なもの」の擁護者であったとも言えるが、同時に彼は「政治的なもの」の危険を指摘し、それを限界づけようとした政治学者でもあった。

「政治」とは区別される「政治的なもの」は、丸山の時代よりもむしろ現在になって、政治理論、政治哲学の領域でしばしば話題になる概念である。それは「政治」を支える根源にありながら、「政治」によってはむしろ覆い隠されてしまう何か、と表現される契機であるが、論者によって何を「政治的なもの」と考えるかは極端に異なっている。

たとえばシュミットは「友と敵の区別」をその中心に置き、主権のような「例外時における決断」をこれに結び付けた。一方ハンナ・アレントは、私的領域とは厳密に区別された公的世界の光のもとで私が誰（who）であるかを暴露する活動を「政治的なもの」と考えた。これほど個性的な見解でなくても、たとえば妥協や熟議を「政治的なもの」の中心に置く考え方もしばしば見られる。

丸山はかならずしも「政治的なもの」を定義しているわけではないが、これに関係する考察を「人間と政治」（丸山 1948a→1995）、「現代における人間と政治」（丸山 1961→1996）などで行っている。まず前者において、政治のすぐれた認識者のもつ人間観は性善説よりもむしろ性悪説（マキアヴェリやホッブズのように）であるとし、素朴な性善説的ヒューマニズムが善を一方的に押し付けることでかえって残酷な帰結をもたらすことがあると指摘される。しかし、政治における人間のあり方で問題なのは、人間が常に善でも悪でもないことであって、そのような「取扱注意」品としての人間を相手にすることにおいて政治の技術《アート》が必要になる。

近代の政治理論は、国家権力から免れた私的自治の領域として社会を想定してきたが、丸山によれば現代ではそのような場所は存在しない。現代では大規模なメディア動員による大衆の操作化がなされる。「あらゆる手段を駆使して人間を政治の鋳型にはめ込もうとするのは、全体主義国家だけでなくデモクラシー国家にも当てはまる」。このように古典的な政治からの自由の可能性が狭まるなかで、人間の内面性を擁護する人々が、政治から撤退しようとするのは理解できないことではないが、しかし「あらゆる政治的動向から無差別に逃れようとすれば、却って最悪の政治的支配を自らの頭上に招く結果となろう」。

一九六〇年代に入って書かれた後者の論文は、チャップリンの有名な映画『独裁者』からの印象的な引用から始まる。それは人間の良識がもはや通用せず、「さかさま」が普通になった世界である（これはジョージ・オーウェルの有名な『一九八四年』にも通じる倒錯的世界とも言える）。ここで丸山が指摘している政治の危険性とは、たんなる権力の濫用といったことに止まらず、世界全体を虚構のものに置き換え、それを真実と思い込ませるような作用であることは注目に値する。これはもちろん、メディアの発達をはじめとする現代社会がはじめて可能にした事態であり、丸山はこれを、前近代はもちろん近代的なものからも明確に区別している。

メディアと政治権力が作りあげる世界の外にわれわれは出ることができるのだろうか。丸山の答えは楽観的ではない。内面への撤退は先にも触れたように、結局独裁権力を支える結果になってしまう。人間は（全体主義的でないものも含め）自ら虚構を作ってそのなかに住むしかない存在なのであり、丸山は、「現代における選択は『虚構』の環境と『真実』の環境との間にあるのではない。さまざまの『虚構』のなかにしか住めないのが私たちの宿命」だとする。自由のために成し得ることは、虚構の「内部」と「外部」（これは別の虚構ということになる）の境界に住むこと、「外部」との交通を保ち、「内部」のイメージによる固定化を絶えず積極的に覆そうとすることにしかない、と丸山は結論付けている。

このように、「全面的政治化」の時代に「政治的なもの」の限界を問題にする丸山の論考は、虚構（フィクション）とどのように向かい合うか、というテーマへと移って行くことになる。

フィクションと主体

丸山の時事的性格を持った論文のなかに、「肉体文学から肉体政治まで」（丸山 1949b→1995）という奇妙な題名の対話形式で書かれた文章がある。ここで言う肉体政治とは、かつて国会で強行採決時などに見られた乱闘事件を指す。一方、肉体文学とは、日本の小説作家がベッドシーンばかり描きたがったり、作家自身も薬漬けのアブノーマルな生活を送ることをむしろ作家らしいと心得たりしているようなあり方を指すものである。この両者がどのように共通しているかということに関して、丸山は日本の政治や文学がともに、過度に肉体という実体的なものに依存しており、フィクション的なものが自律しないことを問題としている。丸山によれば、ヨーロッパにおいては、たとえリアリズムであっても、現実は人間精神以前に存在するものではなく、人間精神の積極的な関与によって構成される「媒介された現実」として現れてこそ、はじめて作品（フィクション）と言われるのである。

ここにはヨーロッパと日本を比較し、それに作為と自然の対比を重ねるという、これまで見てきた丸山の手法が用いられているが、文学を参照しつつ政治の問題を人間の文化領域を横断して考察しようとする点が眼を引く。丸山は、日本に欠けているのは、精神の自然からの、実体的ではなく機能的な分離であるとして、その結果、小説の構想のみならず、会話や社交といった事柄が貧相でしかあり得ないとする。

丸山によれば、「近代精神とは、フィクションの価値と効用を信じて、これを再生産する精神」とされる。丸山は前近代を実体的な思考が優位する時代と見て（実際にそうであるかどうかは疑いの余地があるとしても）、近代をこのようなフィクション性によって対比的に捉えている。フィクションは「形式」ないし「形相」、あるいは「擬制」や「虚構」（場合によっては端的に「嘘」）などとも関係付けられている。フィクションを信じる精神とは、いったん作られたフィクションをありがたがって絶対化、自己目的化することではなく、逆にフィクションを絶えず相対化して作り直そうとすることを意味する。それは「うそ」を「うそ」と知りつつ利用することだとも説明される。関連したテーマは後年の小論「偽善のすすめ」（丸山 1965b→1996）にも見られる。丸山によれば偽善は評判が悪く、本物の悪以上に非難されることが多いが、偽善が成立するためには「演技性」が必要であることが重要である。政治は高度に演技性を要する世界であり、これと対応して政治には偽善が入り込むことが多い。ドイツ人はこれまでしばしば英国人を偽善的だと非難してきたが、それは英国人にはドイツ人にはない高度に政治的な感覚が備わっていたことを意味するにすぎない、と丸山は指摘する。

丸山の立てた根本問題のひとつは、人間はフィクションを作ってそのなかに生きる存在であることが両義性を不可避的に生み出すことである。すなわち一方で、人間はフィクションを操ることのなかに自由を見出すが、他方で先にナチスの作った倒錯的世界について見たように、フィクションによって作られた世界への従属を強いられるのであり、人間はこのあいだに存在するのである。

この問題に関して、丸山の答えはある意味で明快である。問題はフィクションそのものにあるのではなく、フィクションが実在と混同されることにあるというものである。フィクションを生きるためには、フィクションを実在と取り違える事態を「不断に」警戒しなければならない、と説かれる。ここで要請されているのは強い主体であるといえよう。内部と外部のはざまのマージナルな位置に立ち続ける知識人の像は、たしかに今も説得力のあるものである。しかし、このような主体の確実さはどこに根拠があるのだろうか。主体もまた一種のフィクションではないのだろうか。こうした問いはたとえばニーチェのものであったが、ニーチェ以後の世界に住むわれわれには逃れがたい問いとなっている。こうした問題は、ポストモダニズムが流行する一九八〇年代に盛んに取り上げられることになる（Ⅳ部参照）。

第三章

日本のマルクス主義の特徴と市民社会論

スミス「と」マルクス

先にも少しだけ触れたように、丸山が戦中に書いた小論のひとつに、「或日の会話」（丸山1940b→1996）と題するものがある。これは荻生徂徠の学派に属した太宰春台《だざいしゅんだい》を引用しつつ、「経済」（今日では統治に相当する）を論じる者が持つべき四つの性格の知について述べたものである。春台によれば、それは「時」「理」「勢」「人情」であるという。丸山はこのなかで「理ヲ知ル」ことと「勢ヲ知ル」ことの二つが重要であるとする。「理」とは春台において道理ではなく「物理」を指し、自然法則に近いものを意味していたとされる。丸山はどんな絶対的支配者も社会の法則性を無視しては統治することができないとする春台の見解を評価している。これは戦後ではある種の自然法思想につながる系譜だと言えよう。

一方「勢ヲ知ル」ことを丸山は、当時彼が深い関心を持っていたカール・シュミットの非常時の独裁としての主権的な考え方に結びつける。そして、丸山は、非常時においては「勢」を「理」の上に置く。彼によれば日本近代は独裁的指導者が不在であり、戦時体制になって総動員が叫ばれながら依然強い指導は行われていないことが問題である。丸山はこの小論の末尾で、近衛文麿の新体制の独裁に期待をしているようにも見える言い方をしている。政党政治の崩壊と軍部への不満から、当時近衛は国民に大変人気があった。しかしその後近衛の新体制は失敗に終わり、東条英機の息が詰まるような独裁に引き継がれる。丸山の期待は不見識であったかもしれない。しかし私の関心は少し別のところにあり、「勢ヲ知ル」と対になる「理ヲ知ル」として位置付けられる自然法思想に、丸山はどのような関心を持ったかという点である。

丸山が戦中期に書いた日本政治思想史研究の論文では、規範の根拠が自然に内在するといった自然法思想は、作為よりも自然を重視する前近代的な旧《ふる》い考え方として退《しりぞ》けられているように見える。自然法を時代遅れと見る考え方は戦間期のドイツなどでも強かったが、戦後ナチスへの反省から、カトリックを中心に自然法思想の再評価が生じた。自然法的規範がなければ、どんな悪法も手続きだけで正当化されてしまうからである。

戦後の欧米や日本の社会思想で、自然法は焦点のひとつとなった。しかし、自然法の概念自体が多義的だった。一方でそれは、古代に起源を持ち、トマス・アクィナス（一二二五？—七四）らによって集成された伝統的思想だった。他方で、近代の社会契約説などと結びつけられる自然法も存在する。そして自然法のあり方が古代・中世と近代とでは大きく転換した経緯がある。

戦後日本の政治・社会思想史において、ホッブズやロックを代表とするいわゆる社会契約説は、日本が学び直すべき近代の原点にある思想として盛んに研究された。そのさいにこれらの理論の背景にある自然法思想に注目が集まった。それに対して、トマスなどスコラ哲学の伝統的な自然法は克服の対象と見られることが多かった。丸山は戦中の日本政治思想史研究で、前述のように朱子学をトマスなどの自然法思想になぞらえ、自然と切れた作為を擁護する文脈でこれを克服対象とした。しかし、自然法の近代的タイプについての判断は明確化されていない。

ドイツからアメリカに渡った亡命知識人のひとりであるレオ・シュトラウス（一八九九—一九七三）は、前近代の自然法思想を擁護する一方、ホッブズやロックの近代的自然法を、客観的規範を掘り崩す主観性や個人主義のゆえに批判した（シュトラウス 1953→1988）。東京大学法学部で戦後に政治学史の講座についた福田歓一（一九二三—二〇〇七）は、自然法についてのシュトラウスの区別を引き継ぎつつ、その評価を転倒させ、社会契約説の基礎にある近代自然法を擁護した（福田 1971）。それはグロティウス（一五八三—一六四五）のように文明社会の現実の社会関係を自然法によって正当化するタイプの近代自然法とも異なり、いったん個人に解体したうえで、自由平等な諸個人から、いわばフィクションとしての社会関係を再構成する点に特徴と意義があるとされた。

戦後日本の社会科学思想において、自然法やそれに類する考え方についての議論が活発化していたのは、政治思想史学よりもむしろ経済思想史や社会思想史の領域だった。たとえば水田洋の代表的な思想史研究（水田 1954）に見られるように、それらはマルクス主義の経済思想に由来する。マルクス主義と自然法とは、相性の良くない関係と見られるのが普通なので、これには説明が必要である。

マルクス主義はもともと近代社会すなわちブルジョワ社会批判の知であり、個人の自由な利益追求によって社会の利害が損なわれるのではなくむしろ調和する、というような「ブルジョワ自然法」的な考え方を、イデオロギーや幻想として暴露し排除するとみるのが通常の解釈である。しかし戦後日本の社会科学思想では、かならずしもそうではない面があり、これが日本マルクス主義特有の「市民社会論」へと結実していくことになる。こうなったのには戦前から継承された日本のマルクス主義の特徴と個性が関係している。

「市民社会」概念がマルクス主義の強かった日本の戦後社会科学で注目されたのは、社会主義に行くまでの前提として、ヨーロッパとくに英国をモデルに近代社会の原理を学び直すことが必要だという考えによる。そして市民社会論は、社会の内部に規範性が内在しているとする自然法的な考え方と親近的である。こうした発想を提供したのは、アダム・スミス研究に依るところが大きいと考えられる。

アダム・スミス（一七二三―九〇）とカール・マルクス（一八一八―八三）は通常の理解においては対極的な思想家である。前者は資本主義（この用語はスミスの時代にはまだなかったが）ないしは自由主義の擁護者であるのに対して、後者はその批判と超克を目指した人物であり、二十世紀末の共産圏の崩壊はマルクスの敗北と同時にスミスの勝利を意味すると理解されるのが一般的である。こうした今日の常識に反して、戦中から戦後にかけての日本のマルクス主義者たちは、スミスを重視し、スミスを愛したといっても過言ではない。「スミスかマルクスか」であるよりもむしろスミス「と」マルクスが関心事であった。戦中において、今日から見ても侮れない水準を有するスミス研究が数多くなされ、その成果は戦後の社会科学思想に継承された。

なぜスミスだったのか、という問いに対しては、戦中において危険思想と見られたマルクス主義が厳しく弾圧されたため（マルクスの基礎にある）スミス研究に活路を見出した、と言うことは一応可能であるが、当時は自由主義も不評であったため、これだけではなぜスミスか、という問いへの答えにはならない。スミスへの深い関心は日本のマルクス主義、とくに講座派の特徴に由来すると考えられる。

講座派の意義

講座派とは、一九三二―三三年に岩波書店から出版された『日本資本主義発達史講座』にその名称を負う日本マルクス主義の学派である。これは大学人が主体となる「講壇マルクス主義」の性格を有し、学問的であることで、それまでの実践家主体の社会主義を大きく変えるものだった。講座派は日本共産党系の理論となり、戦後まで日本の社会科学の中心的考え方のひとつであり続ける。一方、講座派と対比され、これと論争したのが「労農派」(非共産党系左翼誌『労農』に由来)である。労農派は社会党左派系の議論を形成することになる。

講座派と労農派との対立点はまず明治維新の史的位置付けをめぐって生じたが、これは資本主義をどのように捉えるかという点におよぶ根本的な論争に発展するものだった。労農派が明治維新を基本的にはブルジョワ革命と考え、これ以後日本は資本主義段階に入ったとするのに対して、講座派は、明治維新が作り出したのは地主中心の半封建的で半資本主義的な隷属的体制だったと論じる。この相違は、資本主義の成立を主に流通局面で見るか、「自由な」賃労働の成立で見るかによるとも言える(このような対立は戦後の欧米でのドップ対スウィージーの論争などにも見られた)。またこの論争が重要だったのは、歴史の段階的進歩を説くマルクス主義にあって、次に必要なのはブルジョワ民主主義革命(講座派)なのか一挙に社会主義革命(労農派)なのか、という実践的問題に帰結したからである(ちなみに、労農派については理論的達成の点で講座派に劣るが、講座派よりも閉鎖的な教義を持たず、戦後には広汎な民主主義運動を組織できた点が、その代表者山川均《ひとし》の研究などで評価されている)。

講座派の立場では日本資本主義の特殊性が強調されることになる。それは「半封建的＝軍事的」資本主義であって、典型的な欧米（とりわけ英国）の資本主義から区別される。講座派が論じた日本資本主義の特徴は、まず産業化の遅れのゆえに地主制にもとづく地代の比重が高く、地主支配のもとで小作人は「半隷農的」な状態に置かれ、このような小作人と、マニュファクチュア（工場制手工業）で雇用される半奴隷的賃金労働者とが労役の中心となる。農閑期の農民や女工を用いた過酷な労働はその典型である。そして農民や勤労大衆の反抗を抑圧するための軍事的・警察的国家組織が強化される。また労働者が低賃金であるため、国内市場は狭隘《きょうあい》であり、それを補うために輸出に大きく依存する。たとえば明治期の絹糸の輸出である。国外市場を拡大する必要から、経済力に比して軍事力の比重が高まる。軍事産業は日本の基幹産業といえるものになる。

こうした日本資本主義の像は、マルクスにおいてもモデルとされた英国の資本主義のような、封建制の解体によって「自由な」労働者が多数生み出され、その上に産業資本が形成されて国内市場が拡大する過程とは対照的であった。日本では労使関係は政治から自由な市場関係にはなっておらず、前近代同様、「経済外的強制」が「非価値法則的」に展開する。山田盛太郎《もりたろう》（一八九七―一九八〇）はその著書『日本資本主義分析』(1934) において、マルクスにならいつつ、日本資本主義独自の「再生産表式」を描いてみせた。

さらに講座派の社会思想としての特徴は主として次のような点に見出される。ひとつはマルクス主義で言う「上部構造」への関心が強いことである。「上部構造」とは、経済的な生産様式を中心にした「土台」と対比される比喩で、国家、イデオロギー、文化等を意味する。丸山のところで軽く触れたように、正統派マルクス主義では、「上部構造」は「土台」に規定され、後者がとりわけ歴史をつくる力として重視されるのに対して、「上部構造」はそれ自体の歴史を持たないとされることが多い。しかし、講座派の場合、英国のような（原始的蓄積段階は別として）資本主義が政治権力から自立して展開する純粋資本主義的なあり方とは異なるため、国家の恒常的な介入や、資本主義以前のいわゆる「経済外的強制」がなければ経済が維持されない。国家は再生産に深くかかわるのであり、講座派によればそのような封建的・軍事的資本主義の頂点に、日本特有の上部構造としての「天皇制」が位置するとされる（「天皇制」という今も広く用いられる語自体が講座派の作ったものである）。

第二に、講座派の観点からは、資本主義には異なるタイプがあることになる。一般的なマルクス主義にあっては、歴史発展の法則は普遍的法則とされるので、資本主義はどこでも普遍的なあり方を有するとされる。講座派の場合、このような普遍的法則を否定するわけではないとしても、本来のブルジョワ革命を経た資本主義と、後進性ゆえに半ば封建的国家に支えられた資本主義とでは、異なる発展をすることに注目する。戦中戦後を通して、講座派的な経済史学では、「英国型対オランダ型」とか「アメリカ型対プロイセン型」などといったタイポロジー（類型化を伴う考え方）がしばしば用いられた。このような対比は、マルクス主義というよりもウェーバー由来の「理念型」の考え方に親近的であり、後の大塚史学が典型であるように「マルクスとウェーバー」（マルクス対ウェーバーでなく）という戦後社会科学に特有のマルクスをウェーバーで補う理論枠組みをもたらしたとも言える。

第三に、資本主義の一国的な形成を重視する傾向がある点である。戦前の日本のマルクス主義では、講座派を含め資本主義の形成は国民国家の形成と重ねられることが多い。講座派に由来する経済史学を代表する大塚久雄は、局地的市場圏から発展する「国民経済」の成立が、資本主義には不可欠であると論じていた。講座派的発想は、マルクス主義でありながら、戦後においても国民的な経済発展の要請と結びついたことで受け入れられやすく、ナショナリズム的志向を持つ傾向にあった。戦後ソ連の利益に奉仕する共産主義を批判して「民族と階級」という問題の立て方をした高島善哉《ぜんや》（一九〇四―九〇）なども、このような文脈から理解できよう。

講座派の描いた日本資本主義像は、日本特殊性論の性格が強く、またそのネガティヴな特殊性が強調されていて、今ではあまりに悲観的に見えるかもしれない。しかし明治期以来戦後の高度経済成長を経るまでの、貧しさが基底にあった日本の資本主義の性格をかなり説明し得ていたとも言える。また非欧米世界で日本だけが曲がりなりにも社会の近代化を達成していた時代には、欧米との差異はもっぱら日本の特殊性によると捉えられたのも、已《や》むを得ない面があっただろう。それゆえ、戦後の豊かさの到来と、さらにグローバル化によって、講座派はその意義を使い果たしていくのだが、その過程で多くの意義のある研究と結びついたことは否定できない。

日本のアダム・スミス研究

さて長い回り道になったが、戦中のアダム・スミス研究に戻りたい。マルクス研究が禁じられたあとの戦中の社会科学理論の研究の焦点となったのはアダム・スミスだった。スミスの自由主義もまた時局にふさわしくないとされ、ドイツのフリードリッヒ・リスト（一七八九―一八四六）のような、民族性に基礎を置き保護貿易を主張するタイプの経済学が流行するなかで、なぜスミス研究が興隆し、またスミスがどのように読まれたか、という点が重要である。

この時期を代表し、戦後にその成果が影響を与えたスミス研究者として、大河内一男（一九〇五―八四）と高島善哉を挙げることができよう。大河内はマルクス主義者ではなかったがその理論にはマルクス主義の影響があり、社会政策学の立場から総動員体制における労働政策を論じた。また高島はマルクス主義者であったが、やはり戦時体制について論じた。二人には興味深いことに「スミスとリスト」についての著作がそれぞれにあり（大河内 1943→1969、高島 1941→1998）、リストとの関係でスミスを読むことが関心の焦点となっていたことを示している。そして「スミスとリスト」の「と」はここでも、対立よりも共通性や補完性を示すものである。

一般にスミスは自由貿易と自由主義の主唱者で、その背景には利己性と合理性の肯定とコスモポリタニズム（世界市民主義。国家や民族に縛られない）があるとされ、他方リストは保護貿易とナショナリズムを主張し倫理的で歴史主義的だとして、両者は対比的に把握されてきた。しかし大河内や高島によればそれは皮相な見解にすぎない。スミスとリストの見解の相違は、先進国か後進国かという状況の違いであって、それぞれの状況で「生産力」をどのように増大させるかという点で共通し、リストはスミスに深く学んでいた（リストがアメリカ独立革命時のA・ハミルトンに影響を与えたのも、後進国での生産力の立場から理解可能である）。

スミスについて言えば、大河内も高島も、スミスをたんに利己主義的でコスモポリタンな思想家とは見ない。ドイツではスミスの『国富論』（1776）での利己心と『道徳感情論』（1759）での利他心の矛盾を問題にする「アダム・スミス問題」が持ち上がっていたが、大河内ら日本のスミス研究者は、利己心と利他心とを対立的に捉える視点自体を批判し、『国富論』にも倫理的関心は貫かれ、経済そのもののなかに倫理が場を持つことを指摘していた。このようなスミス観にもとづき、スミスを経済学的に純化することよりも、「経済社会学」的（高島 1941→1998）に把握し、倫理や教育などを含んだその市民社会論的な面を明らかにすることに主眼が置かれた。これは戦後に盛んになったスミスのモラル・フィロソフィー（道徳哲学）的解釈を先取りするものである。

同時に、このような読解には時局的な要請が重ねられていた。それは先に触れた「生産力」増大の目的である。大河内によれば、生産力の増大は中下層民の勤勉に依存し、勤勉の意欲を高めるのは、労働者の相対的な高賃金であるとされる。そして彼はスミスが賃金を生存最低水準に置く重商主義的な考え方から脱却し、労働者の高賃金政策を主張するとともに、それが購買力の増大にもつながって国民経済の成立条件になると考えたことを評価している。これは戦時総動員体制に入っていった当時の日本の過酷な労働条件に対する批判を含んでいた。大河内は、総動員体制のもとでは平時に増して、スミスが説いたような生産力拡大のための合理性が貫かれなければならないと主張した（大河内 1940→1968）。

また高島は、生産力を倫理、文化、教育を含む広義のものとして把握し、リストの思想が「生産力を生産するものとは何か」の問いに答えるものであったことを、スミスの経済思想の発展として評価する。こうして高島は、「統制経済」とは、自由経済と計画経済（社会主義）の中間にあるもので、自由経済の否定ではなく、その必然的な発展形態であるゆえに、スミス的自由主義の思想は消滅するのではなく、統制経済においてより高次に生かされるのだと考える（高島 1941→1998）。

彼ら戦中のスミス研究者の両義性は、後述する転向研究のなかで、戦後比較的早く高畠通敏《たかばたけみちとし》（一九三三―二〇〇四）によって取り上げられていた（高畠 1960→2009）。大河内は経済学を実践的な学問とし、戦時下の時局への貢献を当然視するが、その戦争協力の内容においては、戦時体制への社会科学からする批判と抵抗が含まれていたとも言える。戦時下の日本の労働力のきわめて過酷な使用とそれを正当化する精神主義では生産力は上がらず、日本は戦争に勝利できない、ということを示唆していた。高畠はマルクス主義の影響を受けた戦中のスミス研究者たちに、一種の「偽装転向」を見出した（先に少し触れた大塚久雄「最高度〝自発性〟の発揚」も、当時の営利欲を否定する精神主義には批判的だった)。

スミスの描いた社会は早くから「市民社会」として捉えられていた。これはもともと日本で禁じられるようになったマルクス主義的用語である「ブルジョワ社会」の代わりに用いられたともされるが、「市民社会」には「ブルジョワ社会」と異なって、たんに社会主義によって乗り越えられるべきものではなく、一種の到達目標としての規範性が込められるようになった点が特徴的である。

このような大河内の学問は、専門の社会政策学を中心に戦後まで引き継がれ、平時でも生産力の向上が至上目標であった戦後の政治経済に大きな影響をもたらすことになった。社会政策学はその本質をどのように捉えるかで論者たちが戦前から激しく対立していた。大河内は一貫して、社会政策の本質を労働者階級の階級闘争の成果と見る考え方を否定し、個別資本が過剰に利益を追求することから来る労働力の摩滅を防ぐために、政府が「総資本」の立場から合理的に介入する政策と把握していた。ここには社会政策を社会主義への道と見る過剰な期待を退ける醒めた思考があったとは言えるが、民衆よりも国家の能動性を重視する点では民主主義の実現とは縁遠いところにあったとも言えよう。

内田義彦の市民社会観

戦後に戦中のスミス研究を継承し、独自の市民社会論を展開した中心人物は内田義彦《よしひこ》（一九一三―八九）である。内田はマルクス主義者であるとともに、記念碑的な著作『経済学の生誕』（内田 1953）によって戦後の経済学史研究を基礎付けた。この研究において中心をなすのはアダム・スミスの新たな解釈と意義付けだった。彼は戦後の代表的な知識人となり、経済学の枠を超えて、思想や文学にも通じ、独自の学問世界を作り上げた（小野寺 2015）。

『経済学の生誕』のスミス像は、戦後のスミス研究らしく、スミスが七年戦争（一七五六年勃発）をはじめとする重商主義国間の戦争に反対したことを重視し、戦中の研究とは対照的に、平和と民主主義の思想家であり帝国主義の対極にある人物としてスミスを解釈している。一方、内田がスミス研究の動向を、経済学として純化させる道と英国市民社会形成史の一環として把握する道に分け、後者に加担している点では、明らかに戦中のスミス研究を継承している。それは古典派経済学を「歴史の科学」として見る内田の考えにつながっている。内田はスミスの提示する「自然の秩序」論、すなわち農業から始まってそれを基礎に工業が起こり、豊かな国内市場の形成を経て、最後に外国向けの輸出産業が来る、という考え方を紹介し、これを評価している。この箇所はスミスが利潤動機以外の要素を重視するものとして、今もしばしば議論の対象になっているが、内田は早くからこれに着目していた。

内田が市民社会の原理としてしばしば取り上げるのは「一物一価」の関係である。これは今では何のことかわかりにくいが、商取引がコネなどの圧力や伝統的慣習に縛られることなく、公正な仕方で行われることを意味している。すなわち、人格的支配関係から自由な、正義にかなう交換関係である。内田は日本資本主義を、コネなどに染まった非市民社会的な関係にもとづくものとして批判してきた。資本主義社会は、市民社会的に形成されることもあるが、封建的性格を残したまま独占が形成されるような非市民社会的な発展をたどることもある。

内田の市民社会観を別の面からよく示すのは、広く読まれた新書『社会認識の歩み』(内田1971)での「スミスとルソー」という問題の立て方であろう。スミスは自由主義・資本主義の推進者として知られる一方、ジャン=ジャック・ルソー(一七一二―七八)はスミスが擁護するような文明社会を非難した人物としてよく知られている。このような常識に対して内田は、ルソーの時代のフランスのように、市民社会的な資本主義の発展が閉ざされたところでは、市民社会的立場は反資本主義的主張を伴うのだとして、市民社会的思想家としての共通性をスミスとルソーの両方に認めている。このような解釈が妥当かどうかは議論があり得るだろうが、ここまで来て明確にわかることは、「市民社会」概念の、資本主義社会ないしブルジョワ社会概念からの独立性である(杉山1983)。

このようにして、日本共産党の公式な理論でもある講座派的前提に依拠しながら、内田は正統派とはかなり異なる可能性を開いた。市民社会とはブルジョワ社会であり克服の対象だとするのがマルクス主義正統派の見解であり、内田のような意味で市民社会を概念化するのは異端的な面を持った。ここには、日本の現状に即して練り上げられた講座派の潜在的な可能性を見ることができよう。講座派は戦後の文脈では、欧米の「正しい」資本主義発展のモデルを立てることで日本の軍国主義や半封建的とされる天皇制支配を批判するのに役立ち、社会主義革命をかならずしも支持しない、いわゆる「近代主義」者とも、さしあたりは市民革命の実現が目標であるとして協力関係を作り上げるのに貢献した。

一九六〇年代以降の「市民」論

一九六〇年代になって、内田に学んだ平田清明《きよあき》(一九二二―一九五)(そのデビュー作はフィジオクラートの経済理論を詳細に論じたフランソワ・ケネー研究だった)らいわゆる「市民社会学派」の若い世代に新しい展開が見られるようになる。スターリン批判(一九五六年)以後明らかになった、「現実に存在する社会主義」における自由や民主主義の欠如の問題に対して市民社会派は、ソ連などの共産圏には「市民社会」が未成熟だというかたちで問題にすることを可能にした。市民社会が未成熟であれば、たとえ社会主義革命に成功しても問題が残ることが、当初から市民社会派の念頭にあった。資本主義的発展が市民社会的かそうでないかを分けた規準は、「現存社会主義」においても有効ということになる（平田1969）。

平田ら市民社会派は、「マルクス＝レーニン主義」と呼ばれたスターリン主義からの離脱だけではなく、レーニンその人からも距離を取るようになった。高島善哉および水田洋との共著である社会思想史の教科書（高島ほか1962）のなかで、若き日の平田は印象的なレーニンへのアイロニーでこの書の担当部分を閉じている。平田はその後、マルクスその人の思想形成史についての詳細な研究（平田1971）のなかで、マルクス主義者によって忘却されたマルクスの「交通」「個体的所有」とともに「市民社会」の概念を発掘し、そこにソ連モデルとは対照的な先進諸国の市民運動の可能性を模索し続けた。それは平田が長く親しんだフランスおよびヨーロッパの新しい左翼の動向とも深くかかわっていた。

以上のように、戦後日本で「市民」「市民社会」の概念は独自の展開を遂げたが、これらが無条件で受け入れられたわけではない。市民とはブルジョワ以外ではないというマルクス主義正統派のネガティヴな規定のほか、民主主義運動の中心はあくまで労働者であって曖昧な「市民」などではないとする労働運動の指導者たちの批判、また保守的なナショナリストたちからは、市民などというコスモポリタンな人間は信頼できず、「国民」が中心でなければならないとする批判、さらに「市民」は欧米の概念の翻訳に過ぎず西欧中心主義に陥っているとする批判もあり得た。

先のマルクス主義系の市民社会論者とは独立に、早くから「市民」に依拠しようとしていた思想家に久野収《くのおさむ》（一九一〇―九九）がいる。久野がその市民主義の着想を得たのは、ヨーロッパでの

「反ファシズム人民戦線」の経験によるものだった。人民戦線は、各国の共産党とりわけソ連の共産党のドグマに振り回されることなく、普通の市民が連帯してファシズムと闘うことを可能にした。久野はこの経験を教訓として、戦後日本の民主主義運動のあり方を模索し続けた。久野は、ユニークな小集団の理論（「委員会の論理」等）を通して知のあり方を変えようとした国会図書館副館長、中井正一《まさかず》（一九〇〇―五二）とも親しく、またあとで触れる鶴見俊輔らの「思想の科学研究会」にも参加した。しかし久野のような、市民を掲げた民主主義運動が広まるのは、一九六〇年の安保闘争以降だと言うことができよう。

久野収らの「市民」の立場は、職業を持った普通の市民が、大組織に埋もれることを拒否し、その個人としての自律性を維持しながらどのように結びつき国家権力に抵抗できるか、という厳しい緊張関係を意識しつつ展開され、ある種の個人主義的なアナーキズムとも親近性を有する思想であった。久野は次章で触れるホルクハイマーとアドルノの『啓蒙の弁証法』（1948）の、早い時期での紹介者でもあった（久野 1977）。それは戦後の文脈では少数派の発想だったのだが、一九六〇―七〇年代になると、革新政党による既存の労働組合組織の動員には明らかに限界が見られるようになり、それに代わって、先に述べたマルクス主義由来の市民派や政治学における市民参加論（篠原 1977）などと合流し、大きな流れになっていく。

第四章
ヨーロッパの「戦後」

社会民主主義的な合意

世界の各地域において「戦後」がどのような意味で新しい出発だったのか、連続と断絶の要素がどのように組み合わさっていたのかは、第二次世界大戦でのポジションによって大きく異なる。戦勝国か敗戦国か、植民地支配を行っていた側か植民地化された側か、ファシズムないし権威主義体制であった国家ならば戦後に自由民主主義側に組み込まれたか、あるいは共産圏に属することになったか。その場合自力での解放であったか、他国によって変革が行われたか（スペインやポルトガルのように権威主義体制が戦後も長く継続した例もある）。分断国家になったか否か。

こうした条件がまず戦後のあり方を大枠で決めた。

このような「戦後」の比較研究は非常に重要であり、さまざまに試みられているが、本書ではもちろんこれらを展開する余裕はない。ここでは第二章で丸山眞男を中心に述べた日本の戦後および戦後思想との対比として、ヨーロッパの戦後について大枠だけを簡単に述べることにしたい。

西ヨーロッパについては、第二次世界大戦による断絶は第一次世界大戦に比べるとそれほどではないのかもしれない。先の第一次世界大戦では、膨大な数の戦死者に加え、史上初めての総動員戦、ロシア革命による史上初の共産主義国家ソヴィエト連邦の誕生、といった世界史上決定的に新しい出来事が生じた。その余波で戦後の政治秩序は、共産主義とそれに対抗して出現したファシズムのあいだでイデオロギー的に揺れ続けることになる。第二次世界大戦の戦後は、それに比べると、たしかに人的・物的な被害は膨大だったが、何か新しいことが始まることへの期待よりは、総力戦と全体主義の「極端な時代」（エリック・ホブズボーム）が終わることへの期待と安堵が上回っていたと言えるだろう。そしてヨーロッパ全体が戦争で疲弊し、もはやアメリカ（東側ではソ連）の援助なくして再建はありえず、植民地の放棄も相まって、ヨーロッパが世界の中心であった時代の終焉が明らかになってしまった。

西ヨーロッパに戦後出来上がった体制は、経済体制的には現在よりはずっと左傾した社会民主主義的な、政府がこれまで以上に経済に介入する混合経済的なものとなった。石炭や鉄鋼、自動車などの基幹産業の国有化が目指されたこともあり、また戦中の戦争協力で力を得た労働者政党が政治への発言力を強め、福祉的な政策が実行された。しかしこれが革命的な変化かというと、かならずしもそうではなかった。この機会に「同意による革命」を遂行しようとする英国のハロルド・ラスキのような企てもあったが、保守党はもとより、労働党にも十分支持されず、未完に終わった（大井2019）。

ヨーロッパの戦後の関心は、先の世界大戦の原因を作ることになった、ファシズムや共産主義のような極端なイデオロギーや過激な大衆運動を排除しようとする点にあった。そういう意味では戦後の出発は保守的であったと言える。西ヨーロッパの政党政治は、左派の社会民主主義政党と、右派のキリスト教民主主義政党で構成されるのが標準的になった。ヤン＝ヴェルナー・ミュラーが最近の著作（ミュラー2011→2019）で強調するように、これがヨーロッパの政治史において画期的だったのは、キリスト教、とりわけこれまで世俗の政治そのものに背を向けていたカトリックが、フランスやイタリアなどで政権の一翼を担うことになったことである。

ミュラーによれば、従来の理解では第二次世界大戦後の西ヨーロッパは社会民主主義の黄金時代とされてきたが、実際に主導権を握ったのはキリスト教民主主義であった。キリスト教民主主義はその理念がかならずしも明確ではないが、このどちらかといえば保守的な思想が戦後のヨーロッパを主導したのである。カトリックの左派の理論家として活動したエマニュエル・ムーニエは「人格主義」を説き、またやはりカトリックでトマス主義者のジャック・マリタンは世界人権宣言（一九四八年）の起草にかかわるなどして、カトリックが民主主義を受け入れ、また戦後秩序を形成することに大きな役割を果たした。

たしかにこれまで考えられてきたよりもヨーロッパの戦後が保守的であったのはそのとおりなのだろう。ただし、「社会民主主義的合意」が成り立ったのは、保守の側にある程度社会主義的な経済政策を受け入れる用意があったからだとも言えよう。経済政策に関して、ヨーロッパの保守は、ハイエクのような戦闘的な経済自由主義者を別にすれば、共産主義化には反対しても市場主義を強く主張するわけではなく、労働者の利益を擁護するのにさほど抵抗がなかったと考えられる。市場の自律性という信仰は戦間期の世界恐慌によって崩壊し、その後戦時動員体制の成立とともに、いっそう現実的ではないものになった。戦後西ドイツの復興を指導した「社会的市場経済」といった発想は、経済発展のための政府介入を認める穏健な市場主義だった。より市場主義的なオルドー派もまた、市場の自生的性格を認めず、市場を再建するために国家の強力な作用が必要だと論じていた。世界的に保守が市場中心主義を主張して、社会民主主義や福祉国家を攻撃するようになるのは、保守主義のアメリカ化が生じるずっと後のことである（第九章参照）。

イデオロギーの戦いから「歴史の終わり」へ

戦間期から第二次世界大戦に至る時代は、大別して「共産主義」「ファシズム」「自由民主主義」のイデオロギーが三つ巴の死闘を繰り返した時代だった。今から見ればアメリカを指導的国家とする自由主義の陣営が勝利したのは当然に見えるかもしれないが、当時においてはかならずしもそう見えたわけではなかった。自由主義は十九世紀の時代遅れの個人主義を引きずっていると批判されていた。また第二次世界大戦の結果は「自由民主主義」と「共産主義」とが組んで

「ファシズム」を倒すことになったが、このような組み合わせとなったことも偶然が作用しており、一時は独ソ不可侵条約が締結されて、ファシズムと共産主義が接近する可能性もあった。自由主義側からは共産主義はファシズム同様自由を否認する集産主義であるとする不信が強く、また共産主義からは、ファシズムは社会主義革命に至る直前にある独占資本主義の最後の形態であり、自由主義よりも共産主義に近いという見方もあり得た。

このようなイデオロギーの総力戦が自由民主主義と共産主義の同盟の勝利に終わったことで、根本的な闘争が終焉したことへの安堵感も思想的に表現されることになった。「歴史の終わり」を説いたアレクサンドル・コジェーヴ（一九〇二―六八）である。コジェーヴは、革命を避けてロシアからフランスに亡命した知識人である。彼はヘーゲル『精神現象学』の注釈をはじめ、優れたヘーゲル研究者として知られ、後のフランス実存主義思想などにも大きな影響を与えた。同時に彼は戦後の国際的秩序の再建に重要な役割を果たした実践家でもあった。コジェーヴによれば、他者からの承認を賭けてより高次の理念を求めて争うような、ヘーゲル的意味での弁証法的歴史は、終戦と平和、国際連合の成立をもって終焉し、「歴史の終わり」が到来する。歴史が終わったあとの世の中は、スノビズムが流行し、人間の「動物化」が進行するだろうとする。

よく知られているように、この「歴史の終わり」の議論は、一九八〇年代末に共産圏が崩壊したさいに、コジェーヴにかつて影響を受けたアメリカの官僚、フランシス・フクヤマによってそっくり反復されることになる（フクヤマ 1992→1992）。自由主義の勝利への安堵と同時に、アンニュイで皮肉な気分が伴っていることも共通している。コジェーヴの「終わり」は冷戦の深刻化によって、フクヤマの「終わり」はイスラム主義の台頭と二〇〇一年の同時多発テロによって、予想とは異なる方向に世界は踏み出していった。しかし、第二次世界大戦の終結が新しい始まりではなく、哲学的意味での終わりとして把握されたことは興味深い。それは先にみた日本のような敗戦国の戦後では考えにくいものだった。

フランクフルト学派の「批判理論」

左派系の議論の代表例として、ドイツからアメリカへ亡命したフランクフルト学派と、サルトルを代表とするフランスの実存主義に簡単に触れておきたい。前者は第二次世界大戦時に出現した政治経済体制を理論的に捉えて抵抗しようとする試みのなかで、また後者は戦争とレジスタンスの限界状況を生きるなかで、いずれも戦争を契機として生じ戦後につながる知的な成果を残した。

フランクフルト学派として知られる思想家・社会科学者集団は、一九二三年に富裕な資本家の寄付によって設立された「フランクフルト社会研究所」に由来するものである。そして一九三〇年代になってこの研究所の所長にマックス・ホルクハイマー（一八九五―一九七三）が就任することで、今日知られているフランクフルト学派の知的特徴が明らかとなる。

フランクフルト社会研究所の学問の特徴は、まず当時では珍しかった学際性にあり、マルクス主義を中心とした経済理論と、フロイトの影響を受けた社会心理の研究などを融合した試みがなされた。研究者はユダヤ系が多く、思想的には左派的であった。そして当時進行していたファシズム、ナチズムの運動の解明がさまざまに行われた。ナチズムの原因のひとつとして、ホルクハイマーらは権威主義的家族に注目し、フロイトの精神分析を用いてそれを探求した。

ホルクハイマーらは、所与をそのまま事実と捉える実証主義的で科学主義的な学問を批判し、これを「伝統的理論」と呼んだ。それに対して、彼らの「批判的理論」とは、事実とされるものが無条件的に存在するのではなく、また事実の認識主体であるコギトも自明ではありえず、これらは社会的に構成されるのだとする理論である。ここにはある点でジョルジ・ルカーチの『歴史と階級意識』（1923）で論じられたヘーゲル的なマルクス主義との近縁性が見られる。しかし、ルカーチとは異なり、ホルクハイマーらは労働者階級が認識の主体と客体とを統一する特権的な存在であることを認めない。彼らの認識論はマルクスに依拠しながらも、労働者階級が解放の主体となることに否定的だった。

資本家に対する労働者の階級闘争は、二十世紀になると歴史を前に進める潜在力をすでに失ってしまった。労働者階級は高次化した国家資本主義のなかに包摂されてしまった。ロシア革命は解放をもたらすよりも、国家官僚制の支配によって、耐えがたい自由の抑圧を招くだろう。彼らは社会主義の未来についてのマックス・ウェーバーの暗い予言と近い立場にあった。

ホルクハイマーは猛威を振るうようになったナチズムの運動のなかに、ヨーロッパ市民社会の自己崩壊を見る。彼によれば、ホッブズやスピノザに代表される近代の政治理論は徹頭徹尾個人の自己保存を要求したのだが、ナチズムに至る近代の帰結は自己保存の完全な喪失だった。近代市民社会の「公正な交換」「自由競争」「利害の調和」といった理念は、自己矛盾しその反対物をもたらした。

ホルクハイマーとテオドール・アドルノの記念碑的な共著『啓蒙の弁証法』は、彼らがナチスに追われて亡命の旅を続けるなかで書かれ、後に小さな出版社から世に出された。ナチズムをめぐってしばしば論じられた、神話と啓蒙の対立という主題（たとえばカール・ポパーによる啓蒙の立場からの神話の批判、ナチスのイデオロギーに見る神話の擁護と啓蒙の否定）に関して、彼らはきわめて特徴的な立場に立つ。「神話はすでに啓蒙である」。有名なホメロスの『オデュッセイア』から取られた、同行者たちの耳を塞ぎ、また自らを帆柱に縛り付けさせて、セイレーンの歌声の誘惑を断ち切って船出するオデュッセウスのエピソードに、著者たちは神話のなかにすでに含まれた啓蒙の運命を見出す。自然を罠にかける術策によって巧妙に自然を支配しようとする神話の英雄は、同時に自己の内的自然を抑圧する。そして「啓蒙は再び神話へと頽落《たいらく》」し、野蛮状態が支配することになる。

資本家による労働者の階級支配よりも、人間の自然支配こそが支配や抑圧の根源にあるとする思考は、二十世紀思想に大きな転換をもたらすものだった。このような考え方は今でこそエコロジー思想のなかで普通に語られるように見えるかもしれないが、一九四〇年代にあっては画期的であり、並外れた深い哲学的思索に支えられたものだった。同時に人類の将来への救いがたい悲観的見方が印象的であった。これが書かれた四〇年代の状況を想起するならば、人類史がナチスの全体主義によって完結する悪夢が現実になりかかっていたのである。戦後の平和と繁栄のもとで、こうした思想はいったん居場所を失った。そのインパクトの大きさが一般に理解されるようになるには、一九六〇—七〇年代を待たねばならなかったのである。

フランクフルト学派らのアメリカへの亡命は、知識人の大移動として、思想史の大きな事件となった。アメリカはそれまでヨーロッパ的な知性が根付く土地ではなく、消費社会と科学の万能が全盛を極める場所だった。ヨーロッパ出身の知識人たちにとって、亡命の地を与えられたことは感謝に値したが、この新天地でアドルノらの、近代文明を根底から批判する前衛的なラディカリズムは理解されず、アメリカ人たちにとっては現代に不満を持つ保守主義か何かのように思われて当然だった。

しかし、それでも彼らはアメリカの社会科学者たちと協同して、より実証的、経験的な社会調査のプロジェクトに参加した。とくにアドルノたちによる「権威主義的パーソナリティ」の研究は有名であり、民主主義国家アメリカにおいても、潜在的にナチスのような指導者に服従する可能性のあるパーソナリティが存在することを示した。亡命者のなかには、保守的な政治思想研究者であるレオ・シュトラウスのように、シカゴ大学で「秘教的」な学派を形成する者や、ハンナ・アレントのように独特な政治的思考によって思想界にインパクトを与える者など、多様な生き方がみられた。ホルクハイマーやアドルノは後に西ドイツに帰国するが、やはりフランクフルト学派に関係したハーバート（ヘルベルト）・マルクーゼはアメリカに残り、一九六〇年代の学生運動に大きな影響を与えるカリスマ的指導者となった（第六章で後述）。アレントやシュトラウスもアメリカに留まった。

一九六〇―七〇年代の社会運動は、アメリカの知的風土を大きく変えた。アメリカはもはや、ヨーロッパのようなモダニティの病や憂いから免れてひたすら近代を邁進することのできる「健康」な例外的場所ではなくなった。その巨大な変貌には、第二次世界大戦中のヨーロッパからの亡命知識人たちの貴重な遺産が大きな意味を持ったのである。

実存主義

この章の最後として、主としてフランスから発して世界の知識人に大きな影響を与えた戦後の実存主義について概略的に触れておきたい。

実存主義を自称する思想家は少ないかもしれないが、通常、実存主義または実存の哲学（この両者も区別されて用いられることがある）の政治とのかかわりには一定したものはない。キルケゴールのように非政治的であったり、ニーチェのように通常の政治の枠には入らないような仕方で政治を思考しつつ後年右翼思想によって利用されたり、ハイデガーのようにナチスに期待した時期があるなど、さまざまである。このように特定の政治に規定されないことが実存主義の特徴のひとつであるといえる。それは実存主義が「限界状況」において思考し、あらかじめ何が正しいかわからないものを目指して自らを投げ込む（投企《とうき》）ことに「自由」を見るからである。

ナチスに占領され親ナチスの傀儡《かいらい》政権（ヴィシー政権）ができたフランスの文脈では、ナチスに対するレジスタンス経験が決定的に重要だった。フランスは半ば敗戦国であり、アメリカによって解放された面があるが、その失われた誇りを埋め合わせるのがレジスタンスの集合的記憶であり、フランス革命以来の「自由・平等」の革命的伝統を反復することができた。レジスタンス体験のおかげで、左翼と愛国主義との幸福な統一が可能となった。

しかし、レジスタンスにおいてフランスはファシズムとの闘争を誇ることはできたが、同時にフランスは非西欧世界に対しては植民地保有国であり、ヴェトナムやアルジェリアの支配は戦後も清算されてはいなかった。自由・平等の革命的伝統を誇るフランスが、同時に植民地支配では他の民族の自由を抑圧しているという、ナショナリズムの欺瞞性から逃れることは困難だった。

ジャン＝ポール・サルトル（一九〇五―八〇）もまたレジスタンス経験を重視し、レジスタンスの恐怖のなかでこそわれわれは自由だったと述べた。同時にサルトルはナショナリズムの欺瞞に陥ることなく、抑圧される植民地の人々の側から、フランスと世界の戦後のあり方を批判し続けた。

サルトルは、パリのエコール・ノルマルを卒業して、リセの教師をしながら『嘔吐』（1938）をはじめとする小説や戯曲などの文学作品を書き始める。この頃サルトルは政治とは無縁の個人主義者とみられていた。こうした文学的主題は、ハイデガーが用いた現象学的存在論の影響のもと、哲学的主著である『存在と無』（1943）に集成される。サルトルの哲学で中心となるのは、「即自（en soi）」と「対自（pour soi）」の対立である。人間の意識はありのままにあるもの（即自）を超えてまだないもの（対自）を志向する。人間の自由は、この対自と不可分であるが、それはまだない何かであるゆえに、存在に対していわば「無」であるしかない。人間は「あらぬところのものであり、あるところのものであらぬ」ような存在である。人間は他者のまなざしにさらされ、またこの世界に理由なく投げ込まれている（被投的《ひとう》）存在であるのだが、これを引き受け、みずからを未来へ向けて投げ込む（投企する）しかない。人間は自己欺瞞に生きるのでなければ自由に生きるしかないのであり、「人間は自由の刑に処せられている」。

こうした自由の哲学から、サルトルは小説『自由への道』（1945-49）で、レジスタンスに参加する青年の自由と葛藤を描いた。レジスタンスに参加するか病気の母親の看護をするかは、いずれが正しいか決めることができない。あらかじめ存在する人間の本質によって人間の正しい生き方が決まるのではなく、まさにそこに実存的な自由が存在する。「実存は本質に先立つ」のである。

フランス植民地マルティニーク出身の知識人、フランツ・ファノンのヨーロッパ支配に対する批判、『黒い皮膚・白い仮面』『地に呪われたる者』を擁護し、抑圧された人々の側に立って闘ったのもサルトルだった。サルトルはこのような社会的行動への投企、自己拘束（アンガジュマン）にこそ自由があるのだとした。

サルトルは後になってマルクス主義に出会う。サルトルの哲学にとって、マルクス主義、とりわけ当時の正統派マルクス主義のような経済決定論的立場は異質の相容れない思想であったが、サルトルはいわば倫理的要請として自らの哲学をマルクス主義に奉仕させようとした面があった。サルトルによれば、マルクス主義は現代にあって「乗り越え不可能な」哲学とされ、人間解放への期待が賭けられていた。しかし、サルトルによるマルクス主義と実存主義の統一はうまくいったとはいえず、両者のあいだには絶えず軋《きし》みがあった。サルトルのソ連に対する評価は揺れ動いた。『共産主義者と平和』（1952-54）はサルトルが最もソ連寄りになった時点で書かれた。一方、『ヒューマニズムとテロル』（1947）などでサルトルよりも早くマルクス主義に接近していた現象学的哲学者モーリス・メルロ＝ポンティは、この時期マルクス主義や共産党から距離を取るようになり、サルトルの立場を過激なウルトラ・ボルシェヴィズムと称して厳しく批判した（『弁証法の冒険』〔1955〕）。またアルジェリア独立をめぐって、サルトルは独立運動を熱心に支持したが、アルジェリア出身のアルベール・カミュはより慎重な態度を取り、フランスとアルジェリアの和解を求めてサルトルと論争した。

ハンガリーで起きた反ソ運動（ハンガリー事件。一九五六年）の頃からサルトルは共産党から離れていく。しかしそれでもマルクス主義と実存主義とを統合しようとする哲学的試み（『方法の問題』〔1960〕、『弁証法的理性批判』〔1960〕）にサルトルは没頭していった。「人間とは報われることのない情念＝受難（パッション）である」。マルクス主義の衰退とともに知識人と政治とのかかわりはこの後大きく変わり、サルトルも忘却されていくが、世界の抑圧された人々とつながり、不条理を告発する知識人の参加（アンガジュマン）の生き方をサルトルは残した。

「豊かな社会」とその裏面への批判

先進諸国に限って言えば、第二次世界大戦後の体制は経済発展とその成果の比較的平等な分配を可能にした。すでに戦間期にいち早くアメリカに到来していた、大量生産・大量消費の「豊かな社会」は戦後、ニューディールの国際版ともいえるマーシャルプラン等によって西ヨーロッパに波及し、やや遅れて日本もその恩恵に浴した。西側先進諸国間では実際の戦争がほとんど起こらなかったこともあり、先進諸国限定ではあるが「戦後」は人類史のなかでまれに見る幸福な時代をもたらしたといっても過言ではない。戦後体制は比較的長期の成長と安定を築き、一九六〇年代後半以後、左右からの批判を受けて弱体化してからも、基本的な社会の枠組みとして持続してきた。戦後体制の偉大さは、それがついに清算されそうになっている今になって、失われるものの大きさとしてあらためて意識されつつある。

しかし、戦後体制の成功には戦争での破壊後の旺盛な復興需要などの偶然が作用したことは否定できない。戦後体制は単一の理論によって構築されたものではなく、さまざまな矛盾を内外に抱えていた。たとえば平和や民主主義の理念と冷戦のもとでのアメリカの世界軍事戦略への従属、いまだ清算されない植民地主義、冷戦の犠牲としての非欧米地域での熱戦（朝鮮戦争、ヴェトナム戦争、中東での戦争等）、第三世界からの資源の収奪や労働力の搾取、経済発展の犠牲としての自然破壊、等々である。

実存主義をはじめとする戦後の思想は、こうした「豊かな社会」の幸福の裏面にある空虚な内面に訴えかけた。サルトルの果敢な活動は、政治的には敗北であったかもしれないし、冷静な保守的知識人だったレイモン・アロンの方が時代認識においてより的確だったという評価も見られるようになる。しかし、戦後体制がその成功の陰に持つ自己欺瞞を批判する態度は、一九六〇年代のラディカルな社会運動となって噴出し、その時代までサルトルの影響力は持続することになる。

補論1　鶴見俊輔と「転向」研究

「思想の科学研究会」の広がり

Ⅰ部ではまず日本の「戦後」について丸山眞男を中心に、丸山にかかわる主要な論点をたどるかたちで検討した。これはもちろん、日本の戦後思想が丸山で代表され尽くすことを意味するものではない。丸山とは一致しない面を含む戦後思想には数多くのものがあるが、ここでは鶴見俊輔（一九二二―二〇一五）とその主宰した「思想の科学研究会」、とくにその共同の成果として名高い『共同研究　転向』（思想の科学研究会 1959–62）を簡潔に取り上げてみたい。補論の位置に置いたのは、これが主題的には「戦後」を問うⅠ部に属するものであり、出版された時期はⅡ部に相当し、かつ思想の内容で見ればⅢ部につながるという時代横断性があるためである。

この共同研究を特徴づけているのは、まずその際立った学際性ないし領域横断性である。共同研究には、鶴見のような哲学者のほか、藤田省三《しょうぞう》、高畠通敏のような当時新進だった政治学者、その他さまざまな領域の研究者が参加し、方法的にも多彩であった。「思想の科学研究会」の発足が、戦後文学を代表する『近代文学』同人（荒正人《あらまさひと》、本多秋五《しゅうご》、埴谷《はにや》雄高《ゆたか》ほか）をモデルとしていたように文学の世界とも関係が深く、また『近代文学』のつながりが転向経験と共産党の問題を契機として生まれたこともあり、これらの文学者は転向研究の対象であると同時に、刊行後の座談会にもメンバーが参加しているように協力者でもあるという関係にあった。

転向の研究対象として扱われる人物はそれにも増して多様である。転向の代表的なケースは、国家権力による共産党弾圧によって生じた、佐野学と鍋山貞親《さだちか》の転向であるが、この転向研究ではそのような典型的な転向に加えて、マルクス主義から個人主義的な虚無主義者に転向した埴谷、社会主義者から転向し戦後は大衆文化の収集家になった大宅《おおや》壮一《そういち》、社会主義に共感した青年時代から国策協力に転じた政治家の近衛文麿など、鶴見が執筆している部分だけでも幅広い人々が論じられている。また共産主義や左翼運動からの転向だけでなく、戦争末期に軍国主義から転向して戦後『戦艦大和ノ最期』を書いた元海軍中尉の吉田満《みつる》や、また戦後民主主義への転向も扱うなど、典型的な転向からは大きく外れる人々も扱われている。「昭和研究会」に属し翼賛運動に参加しているように見せながら、ソ連とも一線を画した共産主義のスパイ活動を行って偽装転向を貫き処刑された尾崎秀美《ほつみ》も取り上げられ、この人物を早い時期に評価した点でも画期的である。

このようにきわめて広い領域と立場の転向者を取り上げたのは、鶴見らが転向それ自体はかならずしも悪ではないと判断したことにもとづく。当時共産党をはじめとして広く共有された、転向を権力への屈伏として悪だとし、逆に非転向それ自体を英雄的行為とみなして賞賛する風潮への批判がこの共同研究には込められていた。ここには間違いから学ぶという、鶴見がアメリカのプラグマティズムに影響された考え方が生かされている。一方、どんな転向も非難から免れるべきだとしているわけではなく、たとえば優等生的で誰にも良い顔をするために順応的な転向をした者については概して評価は厳しい。転向は当然、権力による圧力や強制という面があるが、それだけでなく自発的に転向後の思想を展開するという面もある複雑な過程である。

転向の多様性とその個別的な文脈の重視という点がこの研究の特徴であるが、それは同時に、定まった歴史の進歩のイデオロギーからこの共同研究が距離を取ろうとしていることを意味している。刊行後の座談会では、東欧などのソ連が支配的になった地域での、スターリン主義への転向についても語られている。マルクス主義者古在由重《こざいよししげ》が、このようなものは転向に入れるべきではないとして反発するのに対して、藤田省三が断固としてこれらを転向に含めるべきだとしているのが印象的である（思想の科学研究会〔1959-62〕、下巻の討論参照）。

丸山眞男は思想の科学研究会のメンバーであったのだが、この座談会では何か堅固なもの（たとえば共産主義）がなければそこからの転向は語れないのではないかとして、結論的には古在に近い発言をしている。ここには鶴見らと丸山の相違が見いだされて興味深い。後に防衛大学校の校長となる猪木正道のような人物も、ここでは河合栄次郎門下の社会民主主義者として座談会に参加していたことが、この研究会の広がりを印象付ける。

鶴見自身はアメリカ・ハーヴァード大学で哲学を学んでから戦中に日本に帰国し従軍もするという特異な経験を有した人物であり、その外部的な視点はマージナルな面を持ちながら、日本の戦後思想のなかに独自の光彩を放った。たとえば戦争における日本の他国、とりわけアジアの人々に対する戦争責任の問題について、丸山も短い言及をしていたが、日本の戦後の思想界で議論が十分なされたとは言えない。そんななかで鶴見は、中国文学研究者として日本人の中国に対する罪責を問い続けた竹内好《よしみ》と親交が深く、竹内の思想と生き方を取り上げてきた（鶴見 1995）。竹内は、外国のものをそのまま受け入れる態度という意味での「近代主義」を批判し、内面的な自立を伴う民族主義の重要性を説いた。鶴見自身はこのようなナショナリズムとは異なる考え方を持っていたと思われるが、その開かれた態度によって、異なる意見が交流する知的空間を持続させた。

「べ平連」の意義

鶴見は一九六〇―七〇年代に若い友人たちとヴェトナム戦争に反対する運動（「ベトナムに平和を！　市民連合」。略称「べ平連」）を作り上げる。それは自由な組織に支えられ、ヴェトナムへと送られるアメリカ兵士のなかの脱走志願者を、中継点の日本から第三国に脱出させるという危険を伴う大胆な行動を含み、日本の社会運動史においてまことに画期的なものだった。その中心に作家の小田実《まこと》（一九三二―二〇〇七）がいた。

鶴見の系譜を引く小田の活動の意義のひとつは、政治の成り立つ空間を変えていったことにあると思われる。たとえば丸山眞男は、沖縄の運動に触れた小論のなかで、沖縄のようなローカルで土着的な運動は、その土着性を克服しなければ普遍的でインターナショナルな契機を介した真のナショナリズムにはなり得ない、と論じていた（丸山 1963→1996）。一方、大阪での空襲体験を持つ小田は一貫して、爆撃される側から政治を見ようとする視点を持ち続けた。このことが狭い被害者意識に陥ることがなかったのは、被害者が容易に加害者の立場に変わり得ることを彼が強く認識していたからである。そして小田は、ローカルなもの同士が、ナショナルなもの（たとえば東京）を介せずつながることで普遍性が生み出されることをその行動によって示し、丸山らの世代が持っていた戦後思想の限界を超えていった。

鶴見らの視点は丸山眞男に代表される、戦後思想家のエリート主義とは異なる視点を持ち込んだ点にも特徴がある。エリートの思惑を超えて独自の動きをするようになった「大衆」へのまなざしを、Ⅱ部では見ていくことにしたい。

Ⅱ部
大衆社会の到来

第五章　大衆社会論の特徴とその「二つの顔」

一　ドイツ型とアメリカ型

大衆社会論の思想的背景と特徴

大衆社会（mass society）という概念は、とくに一九五〇年代の欧米諸国や日本において流行し、学問領域の境界を越えて論壇などで頻繁に論じられた。今日でも大衆や大衆社会といった用語はしばしば用いられるが、なぜこの時代がその発端だったのか。大衆社会論のもつ歴史性には、この概念のもつ二面性が関係している。

ひとつには、この時代にはナチスをはじめとする全体主義の記憶がまだ鮮明であったことである。このような異常な体制を作り上げたのはたんに指導者たちの狂気だけではなく、それを受容する社会の側にも原因があり、これまで知られてきた社会とは根本的に異なる社会が二十世紀には出現したことが関係しているのではないかという考え方である。これは「戦後」の問いの延長にあり、同時に危機状態における大衆社会論だということができる。そして関心の対象の中心はナチスを生んだドイツであり、ドイツから亡命してきた研究者たちが、この探求に大きな貢献をした。これをドイツ型の大衆社会論と呼ぶことができよう。

しかし、大衆社会論にはもうひとつのタイプがある。それは主として第二次世界大戦後の経済成長がもたらした社会の変容に着目するものである。経済成長は大組織の形成をもたらし、そのなかに生きる人間の条件を変えた。旧来の「市民」「市民社会」「民主主義」といった概念は、もはやこの社会にはあてはまらない。こちらは戦間期にすでに大衆消費社会を実現していたアメリカが中心的な研究の対象となった。このタイプは、イデオロギー政治から離脱していくことを現代の特徴とする点で、「戦後」のイデオロギーからは離れていく傾向があり、先の危機における大衆社会論との対比で、「常態」における大衆社会論と位置づけられることもある。これがアメリカ型の大衆社会論である。

以上のいずれのタイプにおいても、大衆社会論はまさに当時における「現代化」の理論として、これまでの「近代」に対する差異付けを行う試みとして登場した。それはひとつにはマルクス主義に対する批判であり、もうひとつは近代的な社会理念に対置するヴィジョンの提示であった。

大衆社会論ではマルクス主義に対してとくにその階級社会論が批判の対象となる。マルクス主義の正統教義にあっては、資本主義が進行することでますます富を蓄えるブルジョワジーと、窮乏化が極まるプロレタリアのあいだの二極分化と階級闘争が先鋭化することになっていたが、二十世紀に実際に起こったことはこれでは説明できない過程だった。まずドイツ系の議論では、この両階級のあいだの没落する旧中産階級がファシズムの主要な支持層となった。階級社会論では、なぜ没落する階級が主導権を握り、プロレタリアが勝利できなかったかが説明できない。一方アメリカ系の議論では、社会の大組織化とともに両階級のあいだに新中間層（ホワイトカラーや専門技術職）の分厚い層が形成されたことに着目する。新中間層はプロレタリアとは対照的に、知的労働に従事し、その生活水準も向上して「豊かな社会」の中枢を担うことになる。そして労働者階級も、もはや飢えた人々ではなくなり、福祉国家の恩恵を享受するようになっている。

このように大衆社会論の視点からすれば、労働者階級が革命を起こす変革主体であるというマルクス主義の考え方は成り立たない。代わりに、ファシズムのようなカタストロフが到来するか、そうでなければ官僚制的な大組織のなかに生きる豊かで平穏な生活が実現してイデオロギーが遠ざかっていく。これらの社会は十九世紀的な階級社会ではなく、大衆社会と呼ぶべき新しい社会である。

もちろんマルクス主義の側からは大衆社会論に対する激しい反発があった。その多くが、大衆社会論は現代社会の表層だけを見て、社会の根底に今もある階級対立を見失っている、と批判した。しかしこのような、社会の本質は変わらないという議論は、丸山眞男のいう「基底還元主義」に当てはまるもので、マルクス主義が現代を解明する能力を失いつつある証拠とも言えた。

大衆社会論はマルクス主義に対するオールタナティヴという面のほかに、近代的な政治理念への批判者という面を有し、この文脈は「市民社会から大衆社会へ」というフレーズでしばしば表現される。ここで市民社会（civil society）というのは、たいてい、理性を有して自律した市民たちが自発的に政治に参加する「公衆」の空間を指す。それに対して大衆社会は、ドイツ型とアメリカ型で差異はあるが、ともに理性的で自律した市民層が解体した社会である点では共通している。市民社会から大衆社会への移行が言われるさいには、大衆社会を市民社会の堕落した形態として批判し、市民社会への復帰を目指す議論もあり得たが、多くは市民社会の理念を現代社会に求めることはもはや不可能だとする見方に傾いていた。

ところでこのように十九世紀的とされることもある理想的な市民社会は歴史のなかに実在したのだろうか。トクヴィルやジョン・スチュアート・ミルなどの十九世紀に書かれた政治思想の主要著作を見ても、理性的で自律的な人間像が想定されていたとはかならずしも言えず、「多数者の専制」といった世論の支配力に着目した議論がなされており、十九世紀も後半になると、ギュスターヴ・ル・ボン、ガブリエル・タルドのように、人間の不合理な感情や模倣に着目した、ほとんど大衆社会論の直接の先駆とも言える議論が展開されていた。このように十九世紀の理念においてさえ、市民社会的な人間といったものが前提されていたとは考えにくい。ただ、全体主義を経た二十世紀後半にこうした問題意識が非常に強まったことには、やはり歴史的な理由が存在したといえよう。

日本においても一九五〇―六〇年代に大衆社会論は話題の潮流となった。それに先立つ「戦後」の思想と大衆社会論の位置関係は次のように捉えることができる。理想化された西洋（アメリカ、ヨーロッパ）と遅れた日本という対比が後退し、西洋の現実が市民社会から大衆社会へと移るとともに、西洋と日本との同時代性、共通性が浮かび上がる。それはちょうどこの時期が日本における高度経済成長の時代と一致していたこととも関係している。それとともに、人間の理性に依拠する戦後啓蒙の問題意識が相対化されることになる。

ただし、この時期の日本の社会科学の思想から「戦後」的な問題意識が消え去ったわけではない。後で取り上げる代表的な大衆社会論者のひとりである松下圭一は、大衆社会論の立場からマルクス主義など左派を批判するのではなく、めずらしくマルクス主義と大衆社会論とを統合しようとした。また彼において戦後思想的な前近代性の批判は相対化されながらも生き続け、当時の日本における「ムラ状況」と「マス状況」の二重性の克服が、社会科学の課題として再設定される（本章で後述）。

大衆社会論それ自体、知のあり方としてみても特徴的な性格を有していた。まずそのディシプリン（学問領域）横断的な性格である。従来の規範的な政治学ではあまり把握されていなかった政治や社会の動態が探求され、「制度化」と対比される意味での、流動的な「状況化」に関心が集中する。それらを明らかにするために、社会学、政治学、メディア研究、そしてとりわけ社会心理学や精神分析学が現代の政治や社会の分析に重要な役割を果たすことになる。

つぎに、大衆社会論が階級対立に替えて、「エリート」と「大衆」の対立構図を多く用いることが、その探求の性格を規定している。大衆社会論で「大衆」は個人の自律を持たず、また非合理的に行動すると捉えられるのに対して、探求する知の側は合理的で科学的であると想定されている。それゆえ、(港湾労働者だったエリック・ホッファーが著した『大衆』〔1951〕のような重要な例外はあるにせよ)たいてい認識者はエリート科学者であって、「エリート対大衆」の枠組みが、認識者(社会科学者)と認識される者(大衆)の関係を規定するということも生じる。

エーリッヒ・フロム『自由からの逃走』:大衆社会と全体主義①

エーリッヒ・フロム(一九〇〇―八〇)の『自由からの逃走』(フロム 1941→1951)は第二次世界大戦中の一九四一年に書かれていて、大衆社会論のいわば前史に含まれる著作だが、ポピュラーな次元も含めて非常に影響力のある書物となって、後の大衆社会論に大きな影響を与えた。フロムはユダヤ系のドイツ人で、迫害を逃れてアメリカ(後にはメキシコ)に移住、先に触れたフランクフルト学派とも接点があったが、ホルクハイマーやアドルノ、後にはマルクーゼらとの見解の対立によって離れている。一般的にはフロイト理論から生物学的悲観論を取り除いて「社会学化」し、社会民主主義的な改良主義の道を選んだ人物として知られている。

フロムの著作のなかでもとくに多くの読者を得たこの著作は、ドイツの国民はなぜ自ら「自由」を捨ててナチスの独裁に従ったのかを社会心理の面から論じている。そのさいフロムが方法として導入したのが、「社会的性格（social character）」の概念である。フロムによれば、これは「同じ文化の大部分の成員が共有している性格」として定義され、心理学が社会や歴史に結び付けられる。この書において、二十世紀の全体主義を生んだのと似たような状況が、ヨーロッパの中世末から近代初期にかけて出現し、類似した社会的性格が形成されたとされる。

ルネサンスやとりわけ宗教改革期において、共同体の解体が進むことで人は不安を募らせ、その不安を何らかの強い権威に服従することで逃れようとした、とフロムは論じる。ルターやそしてカルヴァンの預定説のような、人間の自由と対立する権威主義的な教義は、こうした無防備な人々が不安から逃避する場として好適だった。このような歴史解釈が妥当かどうかは問わないとして、これがマックス・ウェーバーの有名な『プロテスタンティズムの倫理と資本主義の精神』に着想を得つつ、そのひとつの変奏となりながらも、宗教改革の意義を転倒させている点が興味深い。すなわち、ウェーバーの著作においてはカルヴァンをはじめとする宗教改革の思想が近代を切り開いたとされるのに対して、フロムでは、むしろこれが近代の自律ではなく、その逆の近代の挫折、資本主義というより全体主義の遠い起源となっているとされるからである。

フロムによれば、ファシズムの社会的性格はサディズムとマゾヒズムの結合に求められる。サディズムとマゾヒズムとは対極にあるように見えながら、互いに他者に依存して自律できないことでは共通している。「自由の重荷」から逃れたい大衆（マス）のマゾヒズム的な願望と、大衆を支配したいエリートのサディズム的な欲望とが共謀して、ファシズムが成立すると説かれる。このような構図で、フロムは大衆の「自発的な従属」という一見奇妙な現象を説明しようとした。

フロムがこのような「自由からの逃走」を避けるために必要と考えるのは、何か（たとえば生産を通しての協同）に積極的にかかわろうとするタイプの自由である。これは否定的に捉えられる消極的なタイプの自由と対比される。後者の消極的自由は、共同体が解体することで生まれた個人が享受しながら、何をしてよいかわからない不安のゆえに、絶対的な支配者に譲り渡されるものであり、この種の自由はむしろ権威主義や全体主義を導く危険を有している。このような消極的／積極的自由の対比は、有名なアイザイア・バーリンの二つの自由概念（バーリン1969→1971）連想させるが、その評価がほぼ逆になっていることが、社会民主主義者のフロムと自由主義者バーリンとの立場の相違を示している。

フロムはこのような消極的自由への批判から、資本主義に対しても批判的な姿勢をとる。資本主義は所有欲、金銭欲に支配されており、積極的な自由への動機づけを欠いているゆえに権威主義に対抗することができない。こうした所有欲への囚われを脱して「正気の社会」を築くことがフロムにとって自由な社会の条件となるものであった。

ハンナ・アレントと「労働する動物」：大衆社会と全体主義②

つぎにやはりユダヤ系のドイツ人で亡命者でもある、著名な女性の政治哲学者、ハンナ・アレント（一九〇六―七五）を取り上げたい。アレントが心臓病で亡くなってすでに四十年以上が経過したが、今もなお、というよりも、むしろ近年になっていっそう脚光を浴び、専門領域を超えて言及されることの多いアレントは、いわば「現役」の思想家であり続けている。そしてより重要なのは、生前と現在とでアレントの政治的な位置づけが大きく変化していることである。今ではアレントは大衆社会論者としてよりははるかに、「公共圏」「差異」などの概念と結びつくラディカルな民主主義の思想家として引用されることが多い。

それに対して、一九五〇年代頃のアレントは、『全体主義の起原』全三巻（アレント 1951→1972）の著者として知られた。現在でも全体主義論の関連でアレントが論じられることは多いが、全体主義論そのものが当時は冷戦文脈と不可分であり問題的であったことが今では忘却されている。全体主義概念は、そのなかにナチズムやファシズムだけでなく共産主義をも含めるものであり、このように共産主義をナチスと同等の悪とするという冷戦的な政治観に影響を受けていた。それゆえ、当時のイデオロギー状況で、アレントは反共的で右派的な思想家として見られることも少なくなかった。

しかし、アレントにこのような冷戦的世界観を投影することは妥当ではないだろう。アレントはナチスとスターリン時代のソ連を全体主義概念で括ったが、社会主義や共産主義をすべて全体主義的だとしたわけではない。またアレントはたとえばカール・ポパー（一九〇二―一九九四）などのように全体主義を自由主義に対置したわけではなく、当時の西側の自由主義や資本主義を擁護したわけでもない。アレントの批判は自由主義や資本主義を含め、近代文明全般に及んでいたのである。

「反ユダヤ主義」「帝国主義」「全体主義」の三部から構成される『全体主義の起原』は、文脈や構成が複雑に入り組み、また取り上げられるトピック（人種主義、エリートとモブの同盟、等）はそれぞれ非常に興味深いものだが、それらがどのように二十世紀の全体主義につながっていったのかを見通すことは困難である（この書物については川崎 1998 を参照）。それゆえ、ここでこの書物を解説することはあきらめ、理論的な主著といえる『人間の条件』（アレント 1958→1973）のなかから、アレントの大衆社会批判の根拠と考えられる発想を取り出すことにしたい。

アレントにとって、「人間は何のために生きるか」という問いがその政治思想の根底に存在する。それは通常の政治思想の枠を超えた問いともいえるが、逆にそのことによって、人間の生にとっての政治の重要性という、今日では忘れられた特異な考え方が語られているともいえる。アレントは人間の生をまず古代ローマの哲学にもとづいて、「実践的な生（vita activa）」と「観照的な生（vita contemplativa）」とに二分する。哲学や祈りといった後者に属する生は、古代ギリシア・ローマ、またキリスト教において最高の生として讃えられたが、近代になるとこれらに代わって前者の実践的生が優越するようになる。

さらに実践的生の内部での優劣関係が転倒される。アレントは古代ギリシアをモデルとして、活動（action）、仕事（work）、労働（labor）を区別する。「活動」は公的空間を必要とし、同僚の市民のまなざしのもとに行われる政治の営みである。アレントによれば、これこそが自由人にふさわしいものであるが、「活動」それ自体は形を持たず、後に残ることのない、はかない性格も有している。こうした「活動」が可能となる〈世界〉を形成するのが、「労働」とは区別された「仕事」の営みである。近代では「仕事」と「労働」との区別が意味をなさなくなったが、古代にあっては、自然界の終わりのない生存＝必要（necessity）のプロセスに従属する〈労働〉か、それを断ち切る〈仕事〉かという根本的な対立が存在し、仕事が自由人によってなされるのに対して、労働は奴隷によって担われたのであり、公共の光の場所から遠ざけられて、家の闇のなかでなされるべき不自由な営みとされたのである。

近代では政治的な「活動」は輝きを失い、政治は権力闘争のことばで語られるようになるとともに、「活動」が可能になる〈世界〉は、「仕事」の「労働」への解消によって維持されなくなる。近代は実践的な生が「労働」に還元され、広汎な「労働する動物（animal laborans）」が出現する時代である。その極致はプロレタリア階級による暴力革命に未来を託したマルクスに見られるが、資本主義の側も労働と生産に至上価値を置く点では大差ないのである。

アレントの『人間の条件』執筆の意図には、当時思想界に絶大な影響のあったマルクスを論駁《ろんばく》することがあったと思われるが、アレントによるマルクス批判の視角は冷戦的な構図からはかけ離れている。また、大衆社会批判を、近代の産業文明総体の批判と結びつけるゆえに、アレントを大衆社会に対する「貴族的批判」に分類する論者もあるが、アレントの立場は通常の貴族的保守主義ともあまり関係のないものである。アレントの場合、全体主義は前代未聞の体制として扱われているため、大衆社会がそのまま全体主義となるわけではないが、「労働する動物」の優位や、始まりも終わりもない必然性の支配といったいわば人間のあり方の根元にかかわる次元で、大衆社会は全体主義の前提を作り上げているとされる。

アレントは労働運動そのものには懐疑的でありながら、労働者によって担われた評議会（レーテ）運動を高く評価した。アレントのこのような側面は、一九六〇年代以後のニューレフトの運動のなかに共鳴者を見出すことになる。これは、その後左翼思想がポスト物質主義的傾向を強め、経済では決定されることのない政治の可能性を探求する方向と合致していた。それと同時に、アレントが貧困や弱者の救済などいわゆる「社会問題」を政治から締め出そうとしたことや、古代ギリシアの政治モデルが有する男性中心主義的性格を不問に付している点については、アレントに期待を寄せる人々からも異論が提出されてきている。

「豊かな社会」と大衆：D・リースマン『孤独な群衆』

今度はドイツ型の大衆社会論とは異なる、アメリカ型の大衆社会論の特徴を把握して両者を比較してみたい。この代表として、一九五〇年に初版が書かれ、以後非常に多くの読者を獲得してロングセラーとなった、アメリカの社会学者デイヴィッド・リースマン（一九〇九―二〇〇二）の『孤独な群衆』（リースマン 1950→1964）を取り上げる。

この本の構成で特徴的なことは、人口曲線のS字カーブをもとにして、社会の発展を三つの時代に区分し、それぞれに特徴的な（フロム由来の）「社会的性格」を割り当てる点である（図）。すなわち、人口増加が急激に起こる近代初期を中央にして、それ以前の人口増加が緩慢だった前近代、そして急激な人口増が終わり再び増加が緩やかになった現代が区分される。そして前近代社会に「伝統指向型」、近代初期の社会に「内部指向型」、現代社会に「他人指向型」のそれぞれの社会的性格が割り当てられる。最後の「他人指向型」がリースマンにとって大衆社会の人間類型ということになる。

まず「伝統指向」から見ると、この書物にはあまり詳しい叙述がない。この社会は伝統を再生産して変化を好まず、子は親のまねをして育ち、早くおとなになる。政治は何か偉い人がすることだと考えられているので、一般の人々は政治に無関心である、等々。地球上に多様に存在する伝統的社会をこのように単純に一般化できるかどうか疑問であるが、このような単純な伝統社会像はリースマンの関心の所在を示していると見ることができよう。すなわち、リースマンにとっての主要な関心は、伝統的社会から近代社会への移行なのではなく、（初期の）近代社会から現代社会への移行だということである。

つぎに、初期近代の「内部指向（inner-directed）」型社会が現れる。これはピューリタンが人間像のモデルとなっている。この社会では、子どもは壁に囲まれた部屋で孤独を感じて育ち、親や教師など権威者の命令を受けて、子どものなかに罪の意識が内在化される。この内在化された自発的権威が、禁欲や勤勉を命じる。正直は美徳、不正直は悪徳とされ、自分自身をつねに向上させることが求められる。この内部指向型人間にあっては、いわば羅針盤（ジャイロスコープ）が内在化されているために、他人の眼がなくても自律的に道徳を実践するのである。

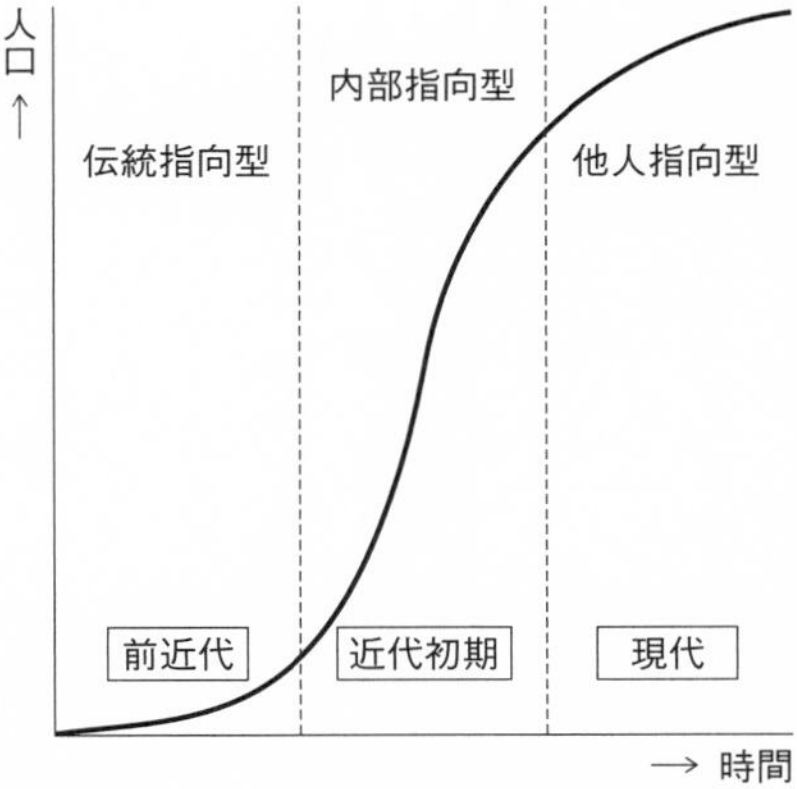

図　リースマンにもとづく３類型の概念図

すぐにわかるように、この内部指向型はマックス・ウェーバーが『プロテスタンティズムの倫理と資本主義の精神』で描いたカルヴァン派とその後の世俗化した禁欲倫理の人間像を踏襲しており、またフロイトの

「超自我（スーパーエゴ）」概念を想起させるものである。そういう点では新しい発見はとくにないが、リースマンがこのような内部指向型をどのように評価しているかが興味深い。

まず、このような内部指向型は近代社会の自律した人間の理想型としばしば考えられてきたものだが、リースマンの見方からすれば、これらは内部化した権威に従属した生き方であって、見かけほど自由というわけではない。もともとこれらの三つのタイプは「同調性の類型」とされるものであって、伝統指向型、他人指向型同様、内部指向型もあくまで社会的に広く共有された同調のパターンのひとつにすぎない。

政治の面では、リースマンは内部指向型に「道徳屋（moralizer）」の名を与えている。彼らは伝統指向型のように政治に無関心ではなく、身近な地方政治に積極的に参加しようとする。この人間類型は政治を道徳的な理想の実現とみて、現実の政治を道徳的に堕落したものとして非難し、悲憤慷慨《こうがい》する傾向にある。このように政治を単純化する道徳屋の政治意識には偏狭な面がある。リースマンによれば、内部指向型の没落期になると、社会が複雑になり、道徳では対処できなくなったために、これらの人々は排外的な性格を強めていく。

二十世紀になると、内部指向型に代わり「他人指向（other-directed）型」が優位となる。この類型は、同輩集団の意見に強く左右される同調型とされる。他人からの信号に絶えず注意を払い、人間関係を大切にする類型で、アメリカの大都市で発達したとされる。親や教師も、内部指向型のように命令するのではなく、納得ずくで言うことを聞かせ、うまく操縦しようとする。上下の権威的関係が乏しくなるかわりに、まわりの人間関係によって行動を規制される。仲間から外れる者を類型にはめ込もうとする同調圧力が働く。内部指向型での礼儀作法に代わって、消費的嗜好の訓練があらわれる。他人指向型の人間はうまく流行についていき、優秀な消費者になろうと努める。

政治的には、他人指向型は「内幕情報屋」型の政治意識を有するとされる。これらの人々は、人間関係を操作する技術を政治にも適用しようとする。内部指向型のように視野がローカルに限定されず、広く「コスモポリタン」的な意識を持つ。政治を理想とのかかわりで捉えることは少なく、政治を変えていこうとする意識は乏しい。この人間類型の人々は、政治情報を収集してゲームのように享楽したり、また政治家とコネクションを作ってうまくやっていこうとしたりする。

『孤独な群衆』に見られるリースマンの大衆社会論の思想的な特徴は以下の点に見いだされよう。フロムの「社会的性格」の概念や方法に影響を受けながらも、フロムのように大衆社会に共同体的絆が失われたことによる社会崩壊の危機を見るのではなく、むしろ豊かな社会における安定と、そのうえでの個人の小集団への埋没を問題にしている。また、他人指向型で代表される大衆社会は、それに先立つ「市民社会」の堕落形態と考えられているわけではない。市民社会が内部指向型の人間類型で構成されると考えられるならば、リースマンは内部指向型には権威への同調という面があり、これを理想化することを彼は避けようとしたからである。

フロムの『自由からの逃走』と同じく、この書物もまたウェーバー『プロテスタンティズムの倫理と資本主義の精神』のもうひとつの変奏曲と見ることもできよう。ウェーバーが伝統社会から近代社会への大きな断絶と移行に着目したのに対して、リースマンはこの点にはあまり関心がなく、近代社会から大衆社会（他人指向型の社会）への移行に重点を置いている。このことは、アメリカにはヨーロッパの伝統社会に相当するもの（貴族社会、封建社会といった）が基本的に欠けており、むしろ内部指向型の社会の方が、アメリカの実質的な「伝統」をなしていることからも、この重点の移動は納得できる。リースマンの試みは、優れて彼の時代にとっての「現代」とは何かを問うものだったといえよう。

そういう観点から、この一九五〇年に初版が出た『孤独な群衆』を読み返してみると、これが七十年も前に書かれた書物とは思えないほど「新しさ」に満ちていることに驚かされる。消費社会とその美学、マネジメント社会、小集団への過剰同調など、他人指向型を特徴づけるテーマ群は、かたちを変えて今も盛んに論じられている（ネット社会の病理などの議論もこの延長線上にあると言えるだろう）。そして人口曲線のS字カーブをもとに大衆社会（現代社会）を歴史的に位置づけたことも、今日の成熟社会論にしばしば反復されている。その意味では、リースマンの社会学は、現在の時点における「現代」に直接つながる「現代」論の古典だと位置づけることが可能だろう。

リースマンは彼の捉えた現代社会について、過度に悲観的になることもなく、また楽観的というわけでもなかった。彼は当時のアメリカにもいた共産主義にシンパシーを寄せる知識人を批判する一方で、それを過大に恐れる人々をも批判し、マッカーシーイズムのような反共ヒステリーと闘った人物でもあった。このような成熟した知的態度がリースマンの持ち味であったといえよう。

大衆社会と政治：コーンハウザーによる整理

大衆社会が広く論じられるなかで、大衆社会とは何かという概念の規定が明確ではない、というのが大衆社会論の問題点であった。この論争の後半になって、アメリカの政治社会学者ウィリアム・コーンハウザー（一九二五―二〇〇四）は、『大衆社会の政治』（コーンハウザー1959→1961）において、大衆社会論の多様性を整理する枠組みを提示した。

コーンハウザーは従来の大衆社会論をまず、大衆社会に対する「貴族的批判」と、同じく「民主主義的批判」とに大別する。貴族的批判とは、エリートがかつてのように大衆から隔絶されなくなり（accessible elite）、本来エリートの領域であった場所に大衆が進出したことによる、権威や文化の失墜、自由の閉塞、破壊的な大衆運動の発生などを問題とする系譜である。「貴族的批判」は、コーンハウザーによれば、十九世紀のヨーロッパのトクヴィル、ブルクハルト、ル・ボンやオルテガ（『大衆の反逆』）らに発し、二十世紀ではカール・マンハイムやアレントにもこの傾向が見られるとする。

一方、「民主主義的批判」は、近代化に伴う共同体の解体によって、そこから吐き出された大衆が無防備な状態となり、エリートの支配から守られず、容易にエリートに従属するようになったことを問題としてきた（available non-elite）。社会の原子化と共同体の喪失を補うかたちでの疑似共同体が、全体主義イデオロギーによって与えられ、大衆は簡単に操作されるようになる。この議論の典型は先に見たフロムである。

コーンハウザーの試みは、この二種の大衆社会論のいずれが正当かということではなく、両者の視点を合成しようとする点に特徴がある。彼は、「エリートへの接近可能性」（貴族的批判）と「非エリートの操縦可能性」（民主主義的批判）をそれぞれ独立した軸と考え、それぞれの高低により、四つの社会のタイプを区別する（表1）。

まず、エリートへの接近可能性も、非エリートの操縦可能性もともに低い社会は、近代化以前の「共同体的社会」と位置づけられる。逆に両方ともに高い社会が「大衆社会」である。それら以外に二つのタイプがある。「全体主義社会」は「エリートへの接近可能性」は低いが、「非エリートの操縦可能性」は高い社会であり、大衆はエリートの過酷な一方的支配にさらされる。それとは逆に、「エリートへの接近可能性」は高いが「非エリートの操縦可能性」は低い社会は、「多元的社会」とされる。このなかで全体主義社会がもっとも避けられるべきものであり、大衆社会は全体主義社会と同じではないが、それに移行する危険を含んだ社会ということになる。一方もっとも自由があり、全体主義から遠いものが多元的社会である。

つぎにコーンハウザーは以上の四つの社会の類型化を、中間集団の働きによって再整理している（表2）。彼は中間集団の「強さ」と「包括性」を二つの軸とする。「強さ」とは中間集団がそのメンバーを外部に対して守ることができる度合いのことで、中間集団の自律性と解釈できる。それに対して「包括性」とは中間集団がそのメンバーに対する支配力として働く度合いである。これによると、「共同体的社会」は中間集団の「強さ」も「包括性」もともに強い場合であり、逆に「大衆社会」は両者がともに弱い社会である（したがって、大衆社会についていえば、「エリートへの接近可能性」と「非エリートの操縦可能性」がともに高い、というのと同じことになる）。同様に、中間集団の「包括性」は高いが「弱い」場合は「全体主義社会」であり、個人は中間集団によって自由を奪われつつ、集団の外部から守ってもらうこともできない、という最悪のケースとなる。その逆が、中間集団は非包括的だが、外部に対しては強い（自律性がある）「多元的社会」となり、個人がもっとも自由を享受できる社会とされる。

表1　コーンハウザー（1959）による社会の4類型

		非エリートの操縦可能性	
		低い	高い
エリートへの接近可能性	低い	共同体的社会	全体主義社会
	高い	多元的社会	大衆社会

表2　中間集団の働きによる上記4類型の再整理（同書）

		中間集団の強さ	
		強い	弱い
中間集団の包括性	包括的	共同体的社会	全体主義社会
	非包括的	多元的社会	大衆社会

コーンハウザーが、中間集団が個人の自由に対して持つ相反する二つの働きに注目したことは、大衆社会論の枠を

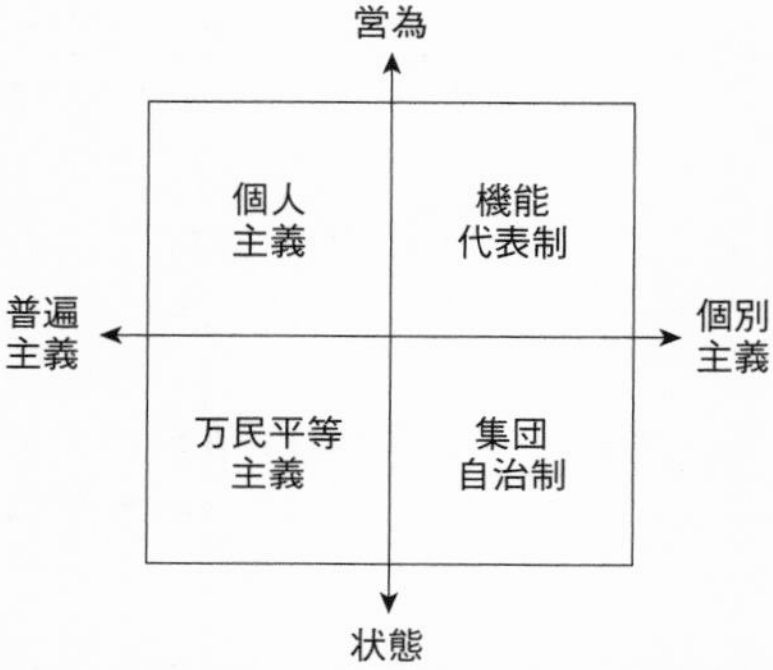

図　作田啓一（1966）による中間集団機能の整理

超えて重要な意義を有する。中間集団の評価については、たとえばジャコバン主義のように、それが個人の自由の足枷《あしかせ》となり、また不平等の源泉となることを問題視し、国家と個人のあいだの中間集団（たとえば教会やギルドなど）をできるだけ排除しようとする立場がある。これに対して、中間集団に国家からの個人の自由を守る働きを評価する、トクヴィルなどに代表される立場が対抗してきた。

　中間集団の機能に関係する整理として、日本の社会学者作《さく》田《た》啓一《けいいち》（一九二二―二〇一六）によるものも今なおきわめて示唆的である（作田 1966→1972）（図）。作田はタルコット・パーソンズの社会理論にもとづき、「営為」対「状態」および「普遍主義」対「個別主義」という二つの軸を設定する。市民社会には「営為」と「普遍主義」が結びつく「個人主義」と、「状態」と「個別主義」が結びつく「集団自治制」との緊張関係、また「営為」と「個別主義」が結合した「機能代表制」と、「状態」と「普遍主義」とが結合した「万民平等主義」との緊張関係が存在する。第一の緊張関係が「集団自治制」の方に傾いたのが、リースマンに代表される中間集団への埋没を問題とするタイプの大衆社会論、第二の緊張関係が万民平等主義に流れると中間集団が弱体化するドイツ型の大衆社会論をそれぞれ準備するとされる。

このように作田は大衆社会をたんに市民社会の堕落形態とみなすのではなく、市民社会内部に含まれていた対立や矛盾の発展形態として、中間集団に関して対照的な二つのタイプの大衆社会論が帰結すると捉える。またともに「営為」から「状態」へ比重が移る点では、大衆社会において業績本位的価値が弱まり「所属」を重視するような社会の成熟化の方向が捉えられているとみられる。

東欧革命などを契機に盛んになった一九九〇年代以後の「新しい市民社会論」は、先に紹介したマルクス主義や近代主義における市民社会論が個人に力点を置くのに対して、中間集団（自発的結社）を中心とした点に特徴がある。中間集団を取り上げた大衆社会の理論は、このような「新しい市民社会論」の射程をも見通していたと言えよう。

二 戦後日本の大衆社会論

安保闘争期

先にも触れたように、戦後日本の大衆社会論では、「マルクス主義（階級社会論、革命論）に対するオールタナティヴ」および「市民社会の理想化に対する反発」という面が顕著である。大衆社会論は、社会変革の主体として成長する「人民」「市民」は幻想であり、実際に存在するのは「大衆」にすぎない、という現実主義的な立場と親近性があったといえよう。これを悲観的に見る立場もあれば、また高度経済成長のもたらす豊かな社会の大衆を好意的にとらえようとする立場も存在した。さらに、こうした「大衆」の時代に適合的な主体形成が可能であり必要でもある、とする松下圭一のような考え方も出現することになる。

戦後日本の政治運動や民主主義の分水嶺ともいえる一九六〇年代の「安保闘争」は、大衆社会論の見地からはどのように把握されるだろうか。「ドイツ型」の大衆社会論では、大衆運動の発生がしばしば政治的近代化の失敗と結びつけて論じられてきた。一方、「アメリカ型」の大衆社会論では、大衆は政治にシニカルか無関心になり、私生活主義に没頭するとされるので、このタイプの大衆社会論が反証されたことになるのだろうか。しかし、安保闘争のなかにも、確実に豊かな社会が到来しつつある徴候があった。岸信介首相は野球のナイトゲームが観客で一杯なのを見て、大多数の国民（今日風に言えば「サイレント・マジョリティ」）は政治に関心を持っていないと見た。しかし、安保闘争は実際に国民運動的な盛り上がりを見せた。「デートもできない警職法」といった運動側のスローガンに見られるように、この時点では、民主主義運動に参加することと消費社会を享受することとはかならずしも矛盾するものではなかったのである。

政治学者の高畠通敏は、この運動を「革新国民運動」として捉えた。それは戦後の革新政党と労働組合中心の「革新運動」に、普通の（女性や学生を含む）都市市民が参加し、国民的な広がりを得たものである。支持が広がったのは、彼らの多くが戦後社会の受益者であり、岸政権が連想させる家制度の復活や徴兵制といった戦前への回帰を恐れたからだという（高畠 1979→2009）。そういう意味では生活保守主義的な面も存在したとされる。このような性格は運動の高揚の要因となった反面、岸に代わった池田勇人政権の経済成長政策のもとで、容易にマイホーム主義へと戻っていくという限界ももたらした。革新政党や労働組合が動員する従来型の社会運動に混じって、個人的な参加によるデモやミニコミ誌の結びつきなど既成組織に属さない市民運動型のタイプもまた安保闘争には萌芽していた。一方で「革新国民運動」の穏健なデモに不満を強めた学生運動（「全学連」）が、共産党や労働組合などの組織の指令から外れ、国会突撃を図るなどして独自に急進化していくのも、この運動を契機としてだった。

安保闘争のさなかの一九六〇年、アメリカの「アジア学会」に属する社会科学者や歴史研究者が、日本の研究者と共同して、「近代日本研究会議」の予備会議を箱根で行っていた。これが「箱根会議」であり、その後バミューダで行われた何回かの本会議を含む成果が、マリウス・ジャンセンの編集で公刊された（ジャンセン 1965→1968）。この会議には日本の政治学を代表する丸山眞男や著名な法社会学者川島武宜《たけよし》らも参加していた。丸山の論文「個人析出のさまざまなパターン」（丸山 1968→1996）がこの論集に掲載されている。

この一連の国際会議でのテーマは「近代化」であり、当時アメリカの社会科学で一般的であった、工業化、都市化、非動物的エネルギー使用の増大といった近代化の外面的指標を日本に適用することが考えられていたが、日本側参加者の要請で、エートス（精神的態度）や価値観の変容もまた主題に取り入れられた。丸山の論文は会議で報告されたものと同じではないが、明治以来の近代日本を材料として、「求心的―遠心的」および「結社的―非結社的」の二つの軸で、政治的近代化のさまざまなタイプを位置づけようとしたものである。丸山によれば、このうち「求心的」で「非結社的」な「原子化（atomization）」がもっとも危険な大衆運動を生み出しやすい。これからもっとも遠いのは、「遠心的」で「結社的」な「自立化（individualization）」であり、これは英国の政治的近代化をモデルにしている。「自立化」が、「求心的」で「結社的」な「民主化（democratization）」よりも優位に置かれていることが、安保闘争期に書かれたものであることを考えると興味深い。近代日本は通常時の「非結社的」で「遠心的」な「私化（privatization）」と、運動高揚期の「原子化」とのあいだを往復してきたが、一貫して欠けていたのは結社形成的な態度だと丸山は指摘している。大衆社会の到来に直面して、丸山の政治観はフランス革命をモデルとした集権的なジャコバン主義的なものから、中間集団を重視するものに変化してきたことが窺える（三宅 2019）。

松下圭一の大衆社会論

松下圭一（一九二九―二〇一五）もまた丸山眞男門下の政治学者であり、いくらか年長の藤田省三とともに、左翼運動とのかかわりを持ちつつ、同時に丸山の政治学に強く影響された人物である点に特徴がある。松下の研究活動の出発点は、『市民政治理論の形成』（松下 1959）であり、この論文で松下はジョン・ロックの社会契約理論を詳細に検討し、ここに「市民的」な政治理論のモデルを見出している。

ところが、松下はこのような古典研究と並行して、現代政治についての時事的論文を多数執筆するなかで、もはや市民の時代は終焉し、大衆の時代に入ったことを説く。ここには彼の、現代（大衆の時代）を近代（市民の時代）から切り分けようとするねらいが見られる。政治を考えるのにもはや市民モデルだけでは不十分であり、また前近代から近代への二項間の移行を課題としてきた戦後思想は、日本が曲がりなりにも高度経済成長を経て近代化を達成したことにより、説得力を失いつつある。このように、大衆社会論を取り上げる松下には、先立つ戦後民主主義の世代に対する批判的視点が含まれている。

一方、松下には戦後政治学を継承する面もある。それは「ムラ状況」と「マス状況」の二重性により日本の大衆社会の特殊性を指摘する箇所である。この認識には神島二郎（神島 1961）のユニークな研究が呼応している。神島もやはり丸山門下の政治学者であったが、丸山の方法ではファシズムをもたらした日本の庶民意識の内実に迫ることができないことを不満とし、柳田國男（一八七五―一九六二）の民俗学に助けを求めた。

神島によれば、日本は近代化の過程のなかで、自然村（第一のムラ）に存在した社会的結合関係がそのまま都市に持ち込まれ、都市が擬制村（第二のムラ）化することで膨張した。第一のムラと第二のムラとをつなぐものは、たとえば同窓会的な結合であり、また家や郷土の期待によって押し出された「立身出世主義」や征服欲がそのまま規範化する「桃太郎主義」などであった。欲望が有限であった自然村とは異なり、大都市においては欲望自然主義が際限なく拡大する。このような日本の都市では、ヨーロッパの都市とは異なり、自治意識が育つことはない。そして自然村が解体して近代の市民的自治を経由することなく、そのまま大衆化《マス》（群化）することになった。それは松下によっても「ムラ状況」と「マス状況」の二重化ととらえられ、その克服は後に彼の市民自治構想として現れることになる。

松下の大衆社会論のユニークな点のひとつは、マルクス主義と大衆社会論の統合を図った点である（松下 1956→1969）。先にも述べたように、大衆社会論にはマルクス主義は時代遅れとなったとする文脈があり、マルクス主義側はこれに激しく反発していた。このような論争構図に対して松下は、マルクス主義が現代において自己刷新するには、大衆社会論のインパクトを受け止めなければならないとする。松下にとって両者は対立するものではなく、資本主義が独占段階（マルクス主義的な規定）に入ったさいに出現する社会の形態が大衆社会なのである（同様に、前自由主義〔重商主義〕段階では絶対主義社会、自由主義段階では市民社会が対応するとされる）。

資本主義の独占段階では、生産の社会化、大組織化が進行するため、人口の大部分がプロレタリア化する。しかしマルクス主義の正統派で考えられていたように貧困化が進むのではなく、新中間層の形成を含めて、平等化や平準化が進む。大衆社会状況における政治は、積極面と消極面の両方を有する。まず積極面については、労働者の大規模組織化と政治的影響力の増大により、普通選挙権が実現し、はじめて民主主義の広汎な拡張が達成された（しばしば民主主義のモデルとされる「市民社会」の段階では、政治参加は名望家や財産所有者に限定されていて十分民主的だったわけではない）。しかし同時に消極面として、労働者階級の体制順応、官僚制の支配、画一的で非合理な世論の支配、最悪の場合はファシズムの台頭などが生じた。このように大衆社会には病理現象が伴うが、松下はかつての市民社会モデルに帰るのではなく、大衆社会状況を前提として、新しい政治の可能性を見出すことが必要だと説く。

以上のように、松下の大衆社会観はかならずしも否定的ではなく、受け入れなければならない段階的概念とされる。そのうえで、社会主義が取り得る方策が検討される。「労働者階級の主体化」（普通選挙、労働者政党の躍進）と同時にその「客体化」（体制内化、ナショナリズムへの屈伏、「寡頭支配の鉄則」）が同時に進行するなかで、社会主義者たちは「社会民主主義」と「レーニン主義」とに分裂する。この時点での松下の評価は、労働者階級の客体化を容認する社会民主主義には厳しく、それに対して現代の大衆社会状況においてマルクス主義を刷新し、労働者階級の主体化の道を切り開いたレーニンへの評価は、かならずしも全面的に同意しているわけではないにしても、かなり高かったようにみられる。

しかし、松下の大衆社会の政治についての見方にはもうひとつ別の方向への展開があった。

「『巨大社会』における集団理論」（松下1958→1969）のなかで松下は、レーニン的な独裁やエリート主義に替えて英国の多元主義国家論（ジョージ・D・H・コールやハロルド・ラスキ）を参照し、高い評価を与えている。松下によれば、デモクラシーの「原始化」（たとえばルソーの「樫《かし》の木の下での民主政」）は、理想的だが、巨大な現代社会では実現できない。しかし可能性がないわけではない。それは分権化すること、巨大な全体社会のなかでも小さな集団におけるデモクラシーを実践し、自治を積み重ねていくことで国家主義を超克する道である。

こうして一度は可能性が乏しくなったとされた「市民」概念が、ふたたび分権化された自治のなかで生きる可能性が生まれ、後年の松下のよく知られた市民自治の構想へと展開することになる。戦後思想において、民主主義と自治との関係に関心がもたれていなかったわけではないが、丸山もまた一時は民主主義を中央集権的なジャコバン主義をモデルにして考えていたことを想起するならば、松下の分権論は画期的な構想と言えた。安保闘争の終焉以後、日本では国家レベルでの大きな政治闘争は起こりにくくなるが、高度経済成長以後の民主主義は地方自治体を主要な舞台として展開される（住民運動とそれに支えられた革新自治体のように）。松下の理論はこのような新しい民主主義の空間を発見し、また環境問題、都市問題、福祉（シビルミニマム）といった新しい論点を論じる可能性を開くことになった。

補論2　大衆社会論期のいくつかの政治的概念について

大衆社会論が展開された時代は、欧米とくにアメリカで政治学・社会学などの理論が整備され、社会科学がアカデミズムにおいて確立する時代でもあった。この時点までに形成された政治的概念のいくつかを紹介しておきたい。

「多元的社会」

コーンハウザーの社会類型のひとつ、「多元的社会」を、アメリカ合衆国との関連で再検討したい。リースマンにとって、「他人指向型」で特徴づけられる大衆社会のモデルはアメリカであった。それは、フロムの描くような危機的な社会とは異なるが、中間集団への埋没ゆえにアメリカは大衆社会ということになろう。また他にもウィリアム・H・ホワイトやチャールズ・ライト・ミルズもまた、アメリカのシニカルで従順な中間層を描き出し、やはりアメリカを大衆社会として位置づけたといえよう。それに対して、コーンハウザーの整理によれば、アメリカは中間集団が機能しているために「多元的社会」とされ、「大衆社会」とは区別されることになる。ここには、アメリカの現実を批判するよりも、アメリカを自由な社会のモデルとして、他の「大衆社会」や「全体主義社会」を批判するという志向が優越しているとも取れる。

「多元的」ないし「多元主義（pluralism）」という概念は、コーンハウザーと同時代のアメリカ政治学においても中心的な役割を果たした。多元主義の政治理論は、古くはアーサー・F・ベントレー、第二次世界大戦後はベントレーを継承したデイヴィッド・B・トルーマンの「政治過程論」がその起源のひとつである。アメリカは建国期より民主主義が正当性を有していたが、当初の個人主体の小規模な民主主義は産業化の発展とともに現実から乖離していった。それに替わるものとして、多元的な利益集団の競争によって（専制にならず）自由な統治が維持されるという論理が形成された。このように政治的多元主義は、産業化の進んだ時代において、民主主義と等しいものとされ、アメリカの政治の正当化の機能を果たすようになった。

別の面からは、この時代のアメリカ政治学を代表するロバート・ダールの「ポリアーキー」論を挙げることができる。ダールは、民主主義の概念があまりに多様化したために、より明確な定義を設けて、それを「ポリアーキー」と呼んだ（ダール 1971→1981）。「ポリアーキー」は民主化

（普通選挙権などの政治参加）と自由化（反対党、異議申し立ての自由）の両方を兼ね備えるに至った政治体制である。しかし当初のポリアーキー概念がそれほど民主的な政治参加を求めていたわけではない。それはたとえばミルズが語ったような「パワーエリート」論（政治、軍事、財界のいずれもが特定のエリート集団に支配されている、という考え）とは異なり、政治権力が単一の支配者に握られているのではなく、複数の寡頭的支配者のあいだに競争的関係があることを意味するに過ぎなかった。

今日では「多元主義」は、文化的多元主義、多文化主義を指して用いられることが多い。アメリカはもともと多文化的ではあったが、その共存が深刻な問題となるのは一九六〇年代以降である。ダールなどアメリカ政治学で用いられてきた「多元主義」は多文化主義とは異なり、多様な利害の政治的表出を意味するものである。逆にいえば、文化や価値観においてはむしろ均質性が前提されていたことによって、利害の多様性に議論を限定することができたともいえる。

「エリート理論」

大衆社会論にとって不可欠だった「エリート」の概念や理論について簡単に触れたい。前出のコーンハウザーの図式では、四つの社会のいずれもが「エリート」と「大衆」を有し、両者の関係の相違によってタイプが区分されている。これは一見もっともらしいが、たとえば伝統的社会のエリートと全体主義社会のエリートとではその性質が全く異なっているということもできる。エリート概念は、超歴史的に成り立つのだろうか。また文化的にはエリートに属していても、政治的支配には全く関心を示さない社会層も存在する。また政治的エリートと経済的エリートもかならずしも重ならない。

「エリート論」には大衆社会論に先立つ系譜が存在する。たとえば「パレート最適」で有名なヴィルフレド・パレートの「エリートの周流」論である。パレートは二十世紀前半に、社会主義革命を批判するなかで、革命によってもエリートが交代するだけで、エリート支配そのものは変わらず維持されると説いた。またマックス・ウェーバーの官僚制論に影響を受けたドイツの社会学者、ロベルト・ミヘルスは、ドイツ社会民主党内部の権力関係を研究し、そこに政党幹部エリートの支配力の強化を見出した。民主化が進んで選挙権が拡大し、社会主義政党が躍進して大規模化すればするほど、皮肉なことに党内では幹部への中央集権化が進み、平の党員にとって民主主義は遠ざかってしまう。これが有名な「寡頭支配の鉄則」である。ミヘルスはドイツ社会民主党に失望し、直接参加を重視するアナルコ・サンディカリズムを経て、イタリアでファシスト運動に参加する。

「社会運動・大衆運動」

社会運動や大衆運動が発生することは、民主主義にとって危険なことなのだろうか、それとも逆に健全なことなのだろうか。現代の日本では、一部例外はあるが、大規模な社会運動が起こらなくなって久しいと考えられている。他方フランスをはじめヨーロッパの諸国では、現在でも左派、右派を問わず大規模なデモがしばしば行われている。デモなどの運動が頻繁に起こるのは、政治や社会の体制に何らかの欠陥があるからだ、と見ることもできるが、政治参加を選挙での投票に限ることは望ましくなく、デモなどによる直接的な意思表示の機会があることが民主主義にとって必要だ、という考え方も成り立ち得る。

戦後しばらくの間は、ナチスの記憶も生々しく、ナチを連想させる大規模な大衆運動それ自体が危機の要因と見られた。ノーマン・コーンの『千年王国の追求』のように、キリスト教のなかの黙示録思想や千年王国論にもとづく熱狂などに、全体主義運動の起源を求める研究もなされた。大衆社会論もこのような傾向を有し、過激で熱狂を伴う社会運動の病理がしばしば問題にされた。逆にいえば、この時代の民主主義論は、投票を超えるような政治参加はどちらかといえば危険視され、体制の安定が民主主義にとって優先されたと言うことができよう（アーモンド&ヴァーバ 1963→1974）。

しかし、一九六〇年代後半からの先進諸国に共通して生じた、学生運動をはじめとする社会運動は、このような運動に対する認識を大きく変えた（Ⅲ部参照）。社会運動をどのように捉え評価するかは、その時代の社会認識の指標であり得る。社会運動は社会の病理の現れと見るのか、それとも逆に社会運動は民主主義にとって不可欠であり、その不在こそが問題だ、と見るのかの違いである。ニューレフトの時代には、社会運動を論じる知も刷新された。そして現在、ファンダメンタリズムなどと称される宗教右派の台頭や、ポピュリズム的な熱狂の出現によって、再び社会運動に危惧のまなざしが向けられる傾向が強まっていると言えるかもしれない。

Ⅲ部
ニューレフトの時代

第六章
奇妙な「革命」

一　一九六〇―七〇年代に起こったこと

さまざまな「革命」

いわゆる先進諸国にあっては、「革命」と言われるような社会変動は、その文字通りの意味では考えにくいものになって久しい。今では革命が起こるのは途上国や新興国に限られている。「フランス革命」「ロシア革命」「中国革命」などに代表される、多かれ少なかれ暴力を伴った大規模な政治や社会の転覆が、なぜあり得なくなったのかは興味深い問題である。これを識字率の上昇と結びつけるユニークな見解もある（エマニュエル・トッド）。しかし、普通に考えられる答えとしては、議会制民主主義の定着によって、現政府に反対する勢力も次の選挙によって支持を得て、平和裏に政治権力を手にする可能性が開かれているから革命は必要でなくなった、というものであろう。十九世紀ヨーロッパでは、民主主義は多く革命と結びつけられ、危険思想とみなされた。現在、革命的独裁は民主主義の反対物とされるのが普通である。

かつてマルクス主義や近代主義などの進歩勢力によって、革命は進歩の過程における重要な節目と考えられていた。日本の政治の近代化が遅れているのは、日本で市民革命が起こったことがないからだ、としばしば指摘された。進歩主義的で単線的な歴史観が信用されなくなって、そのような意味での革命は位置を失った。しかし戦後の先進諸国などでも、そのような文字通りの「革命」とは異なる「革命」が言及されることはある。そしてこれらは戦後のなかのいくつかのエポックを区切る重要な意味を有している。

①「六八年革命」などと言われる一九六〇―七〇年代の若者の叛乱、「文化革命」
②一九七〇年代末から八〇年代にかけての、サッチャーやレーガンによる「保守革命」
③一九八〇年代末に共産主義体制の多くが崩壊した「東欧革命」

これらはある意味では革命らしくない革命である。そしてかつての革命とは逆に、単線的な進歩史観に依拠するのではなく、逆に単線的史観の崩壊を明らかにしたといえるものである（たとえば東欧革命はマルクス主義の教義からすれば、社会主義社会からブルジョワ社会に逆行する反動としてしか説明できない）。本書のⅢ部・Ⅳ部では、これらの「革命」を参照点としながら、二十世紀後半から現在にかけての思想的変動を捉えていくことにしたい。

ヤヌスの時代

Ⅲ部の課題は、先進諸国での戦後民主主義体制の安定を破ったニューレフト（新左翼）の思想的意味を考えることにある。一九六〇年代後半から七〇年代前半にかけては、ニューレフトが社会にインパクトを与えた時代と見ることができるが、その時代から半世紀を過ぎた現在では、これらの左翼がどのような意味で「新しく」、旧左翼と区別されたのかがわかりにくくなっている。この時代に若者だった世代は、ベビーブーマー世代、日本では「団塊の世代」と呼ばれ、現在では高齢化を迎え社会の一線からは引退しつつある。しかし、ニューレフト（新左翼）という概念は、いわば固有名詞であって、その記憶が古くなっても名称が変わるわけではない。

現在から振り返ったとき、この時代は旧い時代の最後という顔と、新しい時代の始まりという顔の両面を有する、いわばヤヌスの時代である。大衆社会論でも見たようにどの時代も多かれ少なかれそういう両面性を持つが、この時代はそれがとくに顕著である。まず「旧い顔」についていえば、この時代は左翼、とりわけマルクス主義が大きな影響力を有し、若者を引き付ける力を持った最後の時代だった。大学には特有の左翼的文字で書かれた看板（立て看）が林立し、授業が始まる前には運動のリーダーがデモへの参加や授業のボイコットを説くといった光景が日常だった時代である。この時代は連帯、団結といった左翼的理念で覆われていた。学生運動の高揚や左翼の影響力が遠ざかって久しい現在、当事者だった「団塊の世代」からは、懐かしい青春の時代として回顧されることが多い。またこの世代の態度が、より若い世代からの反発を生んでいることも少なくない。

奇妙に思われるかもしれないが、左翼が強かったこの時代は、同時に資本主義の全盛の時代でもあった。世界的に見て西側先進諸国の経済は、戦後復興から長く持続した経済成長を経て、一九六〇年代末にピークに達したあと、七〇年代に入るとオイルショックなどにより、成長の終焉期を迎えることになる。欧米では七〇年代は運動の高揚後の鬱屈した時代とされることが多いが、日本やイタリアのように相対的に後進的であった地域では、発展は七〇年代も続き、同時に左翼のラディカリズムも比較的後まで持続することになる。

日本の文脈では、一九六〇—七〇年代は、日本が一番元気だった時代として、保守やナショナリズムの側からも好意的に回顧されることが多い。しかしこの時代こそ左翼が文化的な主導権を握っていた時代であったことを考えると、これはまことに皮肉である。そしてその後の左翼勢力が急速に退潮し保守主義が優勢となる時代は、同時に日本の資本主義に陰りが見られ、やがて長期停滞へと移行する時代と重なっていた。

しかし、このような懐古的把握だけでは、この時代こそわれわれの現在を構成するさまざまなアイテムが始まった時代であることを見落とす恐れがある。新しいものの「始まり」は、ライフスタイルや消費資本主義、テクノロジー、思想や文化などさまざまな領域に及ぶが、まずマクロな視点から、「冷戦の終わりの始まり」の時代であったことから述べようと思う。

政治を考える枠組みの変化

一九六八年に起こった事件を回顧してみると、ヴェトナム戦争へのアメリカによる介入の本格化（テト攻勢、ソンミ村の虐殺など）と、それに対するヴェトナムのゲリラ的抵抗（ヴェトコン）、そして以後アメリカなどでのヴェトナム反戦運動が活発化することが挙げられる。米ソ冷戦はヴェトナムでは熱戦として戦われ、多大な犠牲者や傷跡を残した。アメリカは圧倒的な軍事力や経済力を誇ったにもかかわらず、アジアの小国であったヴェトナムについに勝利することはできなかった。このことがアメリカの権威を著しく損ない、アメリカ内部の激しい争乱をもたらすことになる。

同じころ、一九六八年一月には、チェコスロバキア（当時）のプラハで、ソ連に批判的な改革派のドプチェクが共産党第一書記に就任、いわゆる「プラハの春」の民主化運動が高揚する。この共産圏内部から生じた反ソ的な民主化運動は、同年八月にソ連軍（ワルシャワ条約機構軍）の戦車がプラハに侵攻し、抑圧されることで幕を閉じる。しかし、この事件はソ連をはじめとする「現実に存在する社会主義」が人間解放とは逆の抑圧的体制にほかならないことを世界に示すこととなり、その後の東欧の民主化運動（後の東欧革命につながる）に遺産を残したとも言える。

もっとも、フルシチョフによるスターリン批判や、共産圏内部での中ソ対立など、共産圏も一枚岩ではあり得ず、冷戦的対立が絶対的ではないことは、先立つ時代からその兆候が見られた。しかし、この時代になると、冷戦的対立を横断する思考が公然と語られ実行されはじめた。アメリカとソ連のそれぞれの陣営のなかで、抵抗や反乱を抑えることが困難になってきたのである。

かつてアメリカを批判することはソ連を擁護することを意味し、逆にソ連批判はアメリカを支持することと同じであり、政治とはアメリカにつくかソ連につくかを意味した。しかし、この時代になるとようやく、アメリカを批判することがソ連の味方をすることをただちに意味するわけではなく、ソ連を批判することがアメリカを支持するわけではないという、いわば当然のことが認められはじめた。ニューレフトを特徴づけるのは、ソ連をあるべき社会主義とは認めず、かといってアメリカを支持するのでもなく、多くがアメリカとソ連の両方に批判的になった点である。これは政治の可能性が広がったことを意味するだろう。

キューバ危機の後、一九六〇年代には、アメリカとソ連の平和共存路線により、緊張緩和（デタント）がもたらされた。これは核兵器による共滅を避けるという意味で合理的な選択ではあったが、皮肉なことに、東西の首領である米ソが結託して、それぞれの衛星国や第三世界を抑圧しているという、いわば冷戦の陰に隠れていた真実を暴露する結果になってしまった。本当の対立は米ソ間にあるというよりは、少数の支配エリートと民衆のあいだ、そして先進諸国と貧しい「南」の国々のあいだに存在する、というように、政治を考える枠組みがシフトするようになっていった。

なぜ豊かさのなかで叛乱が起こったか

以上のような、政治を捉える枠組みの変化は、生き方についての価値観や日常生活の文化などへの反省と結びついていた。むしろこの時代の運動は、狭い意味での政治から外に溢れ、「文化革命」として捉えられる。そして生活のあらゆる面に政治があると語られるようになる。

二十世紀は、いかに多くを生産できるかを競う社会であった。それは戦時の兵器や軍需物資の生産でも、平時の自動車や家電など消費財の生産でも変わらない。第二次世界大戦後もこのような生産中心の社会は引き継がれ、企業組織は巨大化し、大量の産業的富が生み出されて、先進諸国では労働者を含めて豊かな社会が形成されてきた。ニューレフトの時代に反抗した世代は、まさにこのような物質的恩恵を受けて育ったベビーブーマー世代だった。このことが、ニューレフトの時代の叛乱の特徴を理解する鍵となる。

これまで一般に社会闘争は、貧困をはじめとする価値剝奪によって生じると考えられてきた。マルクス主義に根強かった、いわゆる「窮乏化革命」論はその典型である。資本主義によって労働者の賃金は生活可能な最低水準に抑えられ、また技術合理化による生産過剰から周期的に恐慌が生じて失業者が溢れることにより、生活の糧《かて》を失った人々が絶望して叛乱を起こす、というのが普通の説明だった。戦後の経済発展はマルクスの窮乏化の予測を過去のものにした。かつこの窮乏化と叛乱とを結びつける説明が正しいとすれば、戦後の経済発展はこうした社会闘争を終わらせるはずだった。実際に階級対立は生存を賭けた激しさを失い、「イデオロギーの終焉」（ダニエル・ベル）の時代が到来する、と論じられた。日本でも安保闘争の頃までは政治の時代であったかもしれないが、安保闘争終了後、経済発展に政治の目標を転換した池田政権のもと、人々は脱政治化しマイホームの幸せに満足して、天下泰平の時代が始まった、などと言われた。そんななかで、起こるはずがないと思われた叛乱が一九六〇年代後半に起こった。

なぜ豊かさのなかで叛乱が起こったのか。これは以前の常識では考えられない要素を持つ「革命」だった。「革命」の動機は何だったのだろうか。たしかに、アメリカでは泥沼化したヴェトナム戦争の現実があり、徴兵制が布《し》かれたことによって、若者たちには生命の危険が迫っていた。またアフリカ系住民とその支持者による公民権運動の盛り上がりがあった。こうした事柄が民主主義の深刻な再考を促したことはたしかである。しかし、直接にはこのような問題への直面がなかったフランスなどヨーロッパ諸国、また日本でも同時的に激しい学生叛乱が生じた。

叛乱に参加した若者たちは、形骸化した議会制民主主義、そして大学の自治の欺瞞性に反感を持ち、激しく直接参加を要求した。この直接性ということがニューレフトの時代の運動を特徴づけている。すなわち、代表とか官僚制とかいった媒介者を拒否する考え方である。これは、長い目で見た政治的妥協を拒否することでもあり、より一般的に言えば、目的—手段関係の合理性

（ウェーバーの目的合理性）の規準で物事を判断しないことである。現代社会はたいていの事柄が目的合理性の規準で動いている。現在したいことがあっても、将来の目的のためにそれを禁欲し、現在を将来のための手段として犠牲にすることが奨励されてきた。日本の「団塊の世代」は、ちょうど学歴社会が確立しつつある時期に子ども時代を過ごすことになった。よい大学に入るために、現在の楽しみを禁欲し受験勉強に勤《いそ》しむ、といった今日まで続く競争秩序は、この世代の頃に形成された。運動に参加した学生たちは、受験競争に勝利して高学歴であり、大学をおとなしく卒業すれば、大企業などいわゆる良い就職先が待っていたはずだった。

当時大学進学率は上昇しつつあり、大学を出ることがかつての大学生のように特権的身分に入ることを約束するわけではなく、ホワイトカラー層の労働者となっていわゆる社会の歯車として働くことが要請された。しかし、それでも今から見れば大学進学率は低かったために、社会全体では特権的である面を学生たちは意識していた。叛乱に参加した学生たちは、自らこのような立身出世の階段から降り、特権を放棄してドロップアウトすることを選んだ（もっとも、後になって「転向」し、企業戦士となったり保守的論客となったりする人々も少なくはなかったのだが）。

経済発展の結果として、企業や官庁など組織は大規模化し、全体を見渡すことが困難な時代となった。そんななかで学生たちは「何のために働くか」という問いへの答えを容易に見出すことができなくなった。貧困が目の前にあった時代とは異なり、勤労によって富が増大することが自明の善であるような時代ではなくなった。

このような問いは、アメリカの心理学者エリク・エリクソンが名付けた「モラトリアム」の考え方と関係している。モラトリアムとは、子どもから大人になるまでの猶予期間を意味する。フォークソングなどに始まり、より過激なロックンロールへと展開していった若者の音楽をはじめとして、今日当たり前だと思われている若者の文化（ユースカルチャー）の多くが生まれたのはこの時代だった。

共同性と個

この時代の若者は、友人から誘われるなどして今よりもずっと多くデモや集会などの政治行動に参加し、今よりも人間関係は密であったように見える（今では老齢を迎え職場をリタイアした団塊の世代は、なお集まって行動することを得意としている）。それは現在の若者からすれば、共同性の優越するうっとうしい関係に見えてもおかしくないだろう。一面においてはそうなのだが、この時代の共同性が伝統的な共同体的関係からはっきり異なるものになっていたこともたしかである。

とくに日本のように、経済成長が欧米よりも遅れて始まったところでは、近代化によって伝統的な共同体が崩れ、村落から大都市への急激な人口移動がこの時期に生じた。こうした近代化がもたらす社会不安、アノミー（無秩序状態）といったことは、多くの社会学的記述が指摘したことだった（バーガーほか1973→77）。とくに地方から東京のような大都市に出てきた学生には、孤独感があった。当時の東京には今のようなエンターテインメントは乏しく、出身地とは異なる人間関係の冷たさが実感されるのも当然だった。一九六〇―七〇年代には、こうした個人化、孤独化が逆に共同体的なものを希求させるという背景があった。

出身地の人間関係から切れ、根拠を失いつつあるという感覚が、学生運動を通してたまたまめぐり合った同様の境遇にある他者とのあいだで、いわば一期一会的な「連帯」を作り上げる。根拠があるから連帯するのではなくて、逆に根拠が不在だから繋がろうとする。日本のニューレフトの運動のなかでの有名な標語「連帯を求めて孤立を恐れず」なども、政治的な立場の表明であるだけでなく、当時の共同性と個とのあいだの逆説的な関係を表現するものでもあった。それはかつての左翼のような、大組織に属することの安心感や規律とは対照的だった。この時代の連帯感は、安心して所属することのできる根拠の不在という意味での、ある種の「自由」の感覚と不可分だった。

これは、後の一九八〇年代になってアメリカの社会哲学界で持ち上がったリベラルvs.コミュニテリアンの論争（第八章で後述）よりも示唆的だと私は考えている。リベラルとコミュニテリアンの論争では、個人と共同体のいずれが本源的かが問われたのに対して、六〇―七〇年代の感覚ではどちらもその根拠に乏しく、両者の偶然性が意識されていたからである。

このような感覚は、ある意味では先の章で紹介したサルトルに代表される実存主義と通じるものがあった。サルトルは第二次世界大戦中のレジスタンスへの「参加（アンガジュマン）」の経験をもとに、状況のなかに投げ込まれた自由を説いた。こうした状況的自由の感覚は、ニューレフトの運動のなかのバリケード体験などに再現された。ニューレフト時代の知は、しだいにサルトルを離れて構造主義やポスト構造主義の方に近づいていった面もあるが、その発端において実存主義の果たした役割は無視できない。

愛と性

ニューレフト運動のなかの急進的な部分は、過激であることだけがあたかも権力に取り込まれない姿勢であり、自らの存在証明であるかのようにふるまい、対立するセクトを国家権力のスパイであると非難するなど、極度に不寛容な内ゲバ闘争へと落ち込んでいった。暴力に明け暮れるなか、未来の構想は、不可能な「世界革命」に固執するなどして、かつてはこの叛乱に何ほどかの期待を寄せていたかもしれない一般の学生や社会人から、急速に離れていった。こうした新左翼の急進主義は、国際的なテロ事件へと進み、その最終的な表現となったのは、「あさま山荘事件」（一九七二年）だった。この事件に直接つながる、連合赤軍が起こした「山岳ベース事件」では男女の性愛への不条理な抑圧が見られたのが印象的だった。

ニューレフトの急進的セクトが非日常なゲバルト（暴力）闘争を目指すなかで、問われるべきはむしろ日常性なのだ、とマルクスやウェーバーの日常生活批判的な意義を説いた高畠通敏のエッセイ「日常の思想とは何か」(高畠 1970→2009)は、今読んでも大いに示唆的である。ニューレフトの非日常的闘争の悲惨な敗北に対して、この時代の思想の豊かな意味は日常の問い直しにあった(ルフェーヴル 1968→1968-70)。その日常性のなかには愛と性があり、「あさま山荘事件」の非日常を目指す自称戦士たちの行動が、この日常的問題で足を掬《すく》われた面があることは象徴的である。

愛と性とはこの時代に特別の意味を持った。たとえばこの時代を特徴づける「同棲」という関係は、結婚を前提する以外の男女の愛と性とを隠し、一定の場所に閉じ込めて、それを表向きは道徳的に非難するような世間の常識への抵抗という面を持った。この時代の放った一種独特なエロティックな感受性は、性愛が何か人間解放の大きな潜在力を持っているという、ある意味では一種の思い込みに支えられていたとも言える(そのような性の解放の幻想性については、後にミシェル・フーコーが『性の歴史』のなかで見事に批判することになる)。このような性の解放への期待は、性が原則的に禁圧されていたそれまでの時代と、そして性が商品化されて消費社会に吸収されインパクトのないありふれたものになっていく時代との間隙に存在した、ということもできるだろう。

日本の一九七〇年代

一九七〇年代はニューレフトのセクトが暴力化して衰退し、またかつて学生運動に参加していた若者の挫折体験が感傷的にフォークソングに歌われるなど、暗い印象を与える面がある。しかしその反面、この時代は資本主義が活力に満ち、少なくとも七三年のオイルショックに至るまでは経済成長も達成されていた。とくに相対的に後進的だった日本では、人々が働くのに忙しかった六〇年代に対して、ようやく経済成長の成果が余暇やレジャーとして定着するようになるのは七〇年代になってからであり、またオイルショックの衝撃も比較的軽く、その後も安定した経済成長に恵まれた。

日本の一九七〇年代は、開発が全国各地に広がり、大都市圏では私鉄資本などによる総合開発が進行して、ニュータウンが建設され、中産層的な生活様式が多くの人の手に届くようになった時代である。今日の大都市やその近郊の景観が形成されたのはこの頃だった。すでにこの時代に、経済発展から取り残されて過疎化する地域も出ていたが、地方の小都市レベルまでスーパーマーケットなどが進出し、消費レベルが平準化され、所得や消費生活の平等化が比較的進んだ時代だった。六〇―七〇年代の意識は、物質主義からポスト物質主義への転換だと指摘されることが多いが、相対的に後進的で経済成長が七〇年代まで続いた日本では、さらなる物質主義の進展とポスト物質主義とが入り混じっていた。「日本列島改造論」で知られ、後には金権政治で悪名を残した田中角栄は、七〇年代を象徴する政治家だった。東京など大都市に出た青年たちはポスト物質主義的な解放運動に参加することができたが、地方に残された青年たちにとっては、田中角栄こそ地方の中央に対する叛乱の象徴であっておかしくはなかっただろう。

一九七〇年に大阪で開催された万国博覧会（EXPO '70）は、日本の先進諸国入りをアピールするとともに、それ自体が周辺の開発を含め大規模土木事業だった。そこには、巨大化する資本とともに、太陽の塔やお祭り広場を設計した岡本太郎をはじめとする前衛芸術家たちが多数参加した。「人類の進歩と調和」と題されたテーマは、アメリカ館での「月の石」の展示に代表されるような人類の科学技術の進歩を誇ると同時に、「調和」という言葉でこうした進歩が曲がり角に来ていることも含意していた。

よりおおらかな形態としては、当時の若者は女性を含め多く旅をした。これは今につながる「自分探し」の始まりという面もある。アヴァンギャルドな芸術家たちの試みは社会全体に影響を及ぼし、あんぐら劇場やストリートでのパフォーマンスから少年向けSF特撮ドラマやギャグマンガに至るまで、社会のあらゆる領域に実験精神が横溢《おういつ》し炸裂していた。そのような過激な試みを許容する社会があったことも、今とは大きく異なる点である。

二　対立する解釈

マルクーゼのユートピア論

以上概観してきたさまざまの「革命的」な変動をどのように解釈するかについては、当時も、また現在においてもさまざまな立場から異なった解釈がなされてきた。象徴的に言われる「一九六八年」は、社会運動、政治・社会哲学、文学、カルチャー論などをはじめ、多くの知的領域において大きな転機となった。その影響はいまも失われてはいない。そして、この時代への評価は賛否が相半ばし、現在も評価が定まっているとは言い難い。

まず、同時代における当事者でもあった思想家たちの解釈を検討してみたい。最初に取り上げられるべきなのは、やはり当時からこの運動の精神的指導者（グル）と見られたヘルベルト（ハーバート）・マルクーゼ（一八九八―一九七九）であろう。マルクーゼはユダヤ系のドイツ人で、第四章で簡単に触れたフランクフルト学派ともかかわりがあった。もとはハイデガーの下で研究をし、それをもとにヘーゲルについて論じた『理性と革命』（1941）を出版している。この書ではヘーゲル哲学の有する理性の革命的なポテンシャルを、コント流の実証主義と対比して、高く評価する姿勢を見せている。

つぎにマルクーゼは、フロイトを哲学に導入した人物として知られている。これはフロムの方向に重なるように見えるが、マルクーゼはフロムの社会心理学的方法、性的衝動の無害化、社会民主主義を批判し、フロムと鋭く対立することになる。マルクーゼのこの方面での主著『エロスと文明』（1956）は、文明が性的衝動（リビドー）の抑圧によって成立しているというフロイトの説にもとづきながら、フロイトの抑圧は不可避だとする悲観論を乗り越えようと試み、エロスと調和する文明の可能性が説かれている、ユートピア的性格が強く表れた書物である。この書物では、十九世紀の思想家シャルル・フーリエを思わせるような、労働がもはや抑圧ではなく、労働と遊びとが同じになるような世界が構想されている。

しかし、マルクーゼの見方が楽観的であるかというとそうではない。二十世紀の文明の生産力が、もうこれ以上の労働を必要とはしないレベルに達している、という彼の認識は、たしかに人間解放への潜在力が高まっていることを意味したが、しかしマルクーゼによれば、現実の社会はむしろ抑圧的になっており、かえってユートピアから遠ざかっていると語られる。

マルクーゼの理論的主著ともいえる『一次元的人間』（マルクーゼ 1964→1974）は、ニューレフトにとっての予言的な書物であり、後の管理社会論などに大きな影響を与えることになる。この著作で、マルクーゼは、「二元的なもの」の衰退を論じる。ここには彼のむしろ古典的ともいえる出発点が示されている。二元的なものとは、典型的にはプラトンに見られるような、イデアの世界と現実の世界の対立であり、この世界の不完全さに絶望した人々がイデアの世界に憧れるようなあり方である（プラトンにおけるエロスとは、不完全なものが完全なものを恋い慕う感情とされる）。そこには、現実と和解することができない「不幸な意識」（ヘーゲル）が存在する。ところが現代社会では、このような「不幸な意識」は消滅している、とマルクーゼは説く。人々はみな「幸福」になっており、もはや理想と現実の対立する二元的世界を生きていない。労働者階級も豊かな社会のなかに体制化され、肯定的な意識しか持たない。社会主義体制でも同様なことが生じているとマルクーゼは指摘する。アメリカもソ連も、テクノロジーが支配し、消費欲求が満たされる点で変わりはない。

幸福感に満たされた社会の何が問題なのだろうか。マルクーゼは政治の世界の閉塞を説く。現代社会では体制に危険な要素は事前に巧妙に取り除かれ、無害化される。これはたとえば犯罪者に対して厳しい刑罰を科すことよりも、犯罪の可能性のある人物を病気ととらえ、事前に精神病院に収容することなどにみられるとする。マルクーゼはこのような社会のあり方を「抑圧的寛容」という矛盾を含んだ言葉で呼び、ニューレフトの思想の表現として広く用いられた。

このような社会では、ポジティヴなもの（肯定的・実定的なもの）がネガティヴなもの（実現できない理想や願望など）を駆逐していく。その結果、少なくとも表層的には、この世界から矛盾や抗争が取り除かれる。多くの人々が肯定的な現実に満足しているように見える社会は、ユートピアが実現した社会なのだろうか。マルクーゼによれば、これはユートピアではなく、逆ユートピアであり、真のユートピアは消滅しかけているとされる。

ほかでもあり得る社会を構想することができない「一次元的社会」では、言語の世界も閉塞するとされる。マルクーゼがとくに注目するのは、たとえばＮＡＴＯのような略号の氾濫である。人は略号のもとの意味に戻して考える余裕もなく、言説は対立を持ち込まれることなく進行していく。こうした傾向は現在いっそう顕著になっていることを思えば、マルクーゼの先駆性が容易に理解できよう。

マルクーゼは、ベンヤミンの有名な言葉、「希望とは、希望なき人々のためにこそ与えられている」を引いて、本書を締めくくっている。ユートピアが終焉しつつあるからこそ、ユートピアが必要なのだ、というのがマルクーゼの逆説的なメッセージだった。

「解放」の含意

このような逆説に満ちたマルクーゼの著作の意味を、これを受け取る読者との関係を含めて考察してみたい。一見してわかるように、この書物ではこれまでマルクス主義をはじめとする批判的な著作に見られる、貧困や搾取、差別といった主題への言及はほとんどない。そのような社会でいったい何が問題なのか。人々が豊かな社会に満足しているならば、マルクーゼの主張は届くことはないはずである。もし「一次元的社会」がマルクーゼの言うとおりに成立しているならば、この著作が受け入れられる可能性はなく、彼のメッセージが悲観的なのも当然ということになる。

しかし、一九六〇年代半ばから、周知のようにアメリカでヴェトナム反戦運動や公民権運動が高揚するに至り、この著作の位置は激変する。マルクーゼは学生叛乱を予言した人物として注目を集め、「怒れる若者たち」の教祖的存在となった。

マルクーゼの解放理論には矛盾しているように見えるところがある。マルクーゼはもともとドイツの哲学者であり、「高級文化」の出身者であって、体制順応的な大衆文化を哲学的な高みから批判しているようにも見える（この点は他のフランクフルト学派出身者にも共通する）。アメリカ民主主義の一般的なカルチャーからすれば、このような態度は保守的と見られてもおかしくない。しかし、彼の思想が影響を与えた方向は、性の解放をはじめ、従来の高級文化の場所を破壊していくものだった。これは同時に、彼を支持するニューレフトの若者たちの持つ両義性でもあった（アメリカ研究者の古矢旬《じゅん》は、アメリカのニューレフトを「知的なポピュリスト」と評している）。この点では、フランクフルト学派の主要メンバーであったホルクハイマーとアドルノが戦後、当時の西ドイツに戻り、ドイツの学生叛乱には否定的だったのと対照的といえる。

現在の地点から、先にも見たようにマルクーゼの管理社会批判には先駆的な面がある。しかしおそらく少なからぬ違和感もまた存在するだろう。それはマルクーゼも当時の若者たちもしばしば口にした、「解放（liberation, emancipation）」という言葉自体が、今ではリアルに感じられなくなっていることがその一因であるのかもしれない。「解放」とは何か、それは「自由」とはどう違うのか。自由は多義的ながら現在ももちろん通用する言葉である。なぜ当時の人は、自由よりも解放を好んだのだろうか。

自由と解放の関係づけは論者によって異なるが、ひとつの立場として、解放は自由の前段階であり、自由のために必要な条件だが、解放がそのままで自由を意味するわけではない、とするものがある（たとえばハンナ・アレントの見解）。解放は、「奴隷解放」「民族解放」のような文脈で旧くから用いられてきた。それは奴隷の足を縛る枷や、植民地支配の暴力が無くなることを意味する。アレントによれば、政治的自由は解放よりも高次なものであり、解放は自由の必要条件ではあるが、それだけで政治的自由がもたらされるわけではない。政治的自由には、自由な政治が可能になるような共同世界が必要である。

それに対して、一九六〇―七〇年代に多用された解放の意味は異なっている。当時、解放という語には、自由という語では言い表せないような特有の思いが込められて用いられることが多かった。自由については、現在でもそうだが、当人の好みに従い何をしてもよい選択の自由という意味で、資本主義と親近的な考えとして用いられることが多いのに対して、ニューレフトの時代に用いられた解放は、こうした資本主義的な欲望と手を切ろうとする文脈を有することが多かった。解放はそれゆえ、外部からの抑圧だけではなく、自己の内部に入り込んでいる支配的なものの考え方や欲望から逃れることを意味した。内部に及ぶ支配のなかには、近代合理主義や立身出世的な生き方、消費社会的欲望、社会が押し付ける規律、マイノリティへの差別感情など、文脈によってさまざまなものが含まれることになった。

別の言い方をすれば、当時「解放」という言葉に託されていたのは、人間がこれまでとは違った生き方をすることへの希望であり、自己変革であった。それは、社会的な役割から解放されて「ありのまま」の自己を取り戻すというような、のちのポスト・イデオロギーの時代に一般化する「自分探し」の欲求の起源であったかもしれないが、当時はそれに止まらず、社会変革と結びつく、より積極的な意味を持った。「解放」が魅力的であると同時に大きな危険を孕んでいたのは、そのためである。解放の要求が自己だけでなく他者にも向けられるさいには、しばしば不寛容な性格をあらわにした。「自己否定」を要求するというのがこの時代に特有の表現だったのだが、一見反対に見える「解放」と「自己否定」とは同じことの両面と考えられた。自分の内部に奥深く侵入している支配的なものの考え方を自ら否定することが解放の条件とされたからである。ニューレフトのセクトには、このような解放の強制による不寛容で暴力的な空気が充満していることも多かった。また解放の気分を得るもっとも安易な道としてドラッグに頼ることも行われ、こうした人間の崩壊もしばしば見られた。

真木悠介の解放論

以上のような、解放への強い欲求が暴力や不寛容を生む解放のパラドクスを理論的に解明し、新たな可能性を開こうとする知的試みもなされた。その優れた例として、真木悠介《ゆうすけ》（見田《みた》宗介《むねすけ》）『人間解放の理論のために』（真木 1971）を取り上げてみたい。

真木はこの書物で、ユートピアの実践が逆に暴力に満ちた反・ユートピアを帰結してしまうこの時代に、なおユートピアの可能性の条件を問う、メタ・ユートピア論を展開する（それは個々のユートピアを提示する議論とは区別される）。真木によれば、可能なユートピア的未来構想論は、原理的に二つの種類に分けられるという。一方は「最適社会」論、他方は「コミューン」論と名付けられる。両者は人間各人の自我が相互に衝突する「相克性」のあり方をどのように克服するかによって区別される。

「最適社会」は、相反するエゴの無数の欲求を、いわば「超多元的連立方程式」の最適解を求める方法で解決しようとするタイプである。それはさらに、誰が解を求め、政策を実行するかで、「善意のエリートのユートピア」と「制御されたエリートのユートピア」とに区分される。前者はエリート自身が利己心の持ち主である可能性を否定できず、その善意に期待することには限界があるとされる。後者はエリートを抑制するために、人々の政治参加を求める。真木は、情報処理システムの高度化によって、多数の人々の欲求の最適解を求める、新しい「人民主権」の技術的可能性が生じていると指摘する。これは現在盛んになされている構想を先取りする見方としても興味深い。このように一九七〇年代は一面で解放を求める過激な情念が表現された時代だったが、他面ではコンピュータによる高度な情報処理と、それを用いた社会のコントロールが胎動していた時代でもあった。しかし真木によれば、このような技術的可能性は開けても、合意形成にはアポリア（難問）が不可避であり、最適社会型の思考だけでは未来構想に欠陥があるとされる。

「コミューン」型は、最適社会型とは異なり、自己と他者のあいだの欲望の相克をそのままにするのではなく、それ自体を克服しようとする試みと定義される。たとえば、当時注目を集めたサルトルの『弁証法的理性批判』に導かれながら、フランス革命時のバスティーユ行進がその例として引かれている。この革命的なシチュエーションにあっては、他者の「バスティーユへ」と叫ぶ声は、私と対立する誰かの声ではなく、私の声そのものでもある。ここでは、誰が叫んだかは全く偶然的な事柄であり、私と他者とを隔て対立させる状況は消失している。

このような革命の非日常性を特徴づける自己と他者の「溶融状態」は、しかし長く続くことはない。革命状況が長引くとともに、参加者には共同意識の弛緩や体制への恐怖が見られ、それを抑え込むために参加者に運動への忠誠を誓わせる契機が入り込んでくる。サルトルはこれを「誓約集団」と呼ぶ。ここにはすでに運動内部で裏切り者を許さないとする、暴力的なものが忍び寄っている。やがて革命運動集団の内部に、指導者とそれに服従する者たちの明確な分化が生まれ、指導者の命令に服従する点で通常の社会と何ら変わることがない官僚制的な「制度集団」へと変質していく。ここに革命は事実上終焉し、「実践的惰性態」が戻ってくる。

サルトルの革命過程のシミュレーションは、このように悲観的なものである（人間とは「報われることのないパッション〔情念＝受難〕である」というように）。真木は、サルトルのように溶融状態（他人と自己が区別されなくなる状態）としてコミューンを構想することの限界を明らかにした。後の著作で、真木はコミューンを「溶融するコミューン」と「交響するコミューン」

とに分け、自己と他者の差異に自覚的な後者のタイプに希望を見出すようになる。

このように、ニューレフトの時代は根源的なレベルで社会構想の可能性が問われた時代だった。現実の社会に対するオールタナティヴとして試みられた「コミューン」の実践の多くは挫折し、最悪の場合は、一九七二年のあさま山荘事件で露呈した、連合赤軍のアジトでの粛清と呼ばれる凄惨な仲間殺しに至った（同様の例は世界にも数多く見られる）。これはニューレフトのなかでももっとも暗い歴史に属する。「コミューン」のなかのある種のものが、このように暴力性を内向させ、あるいはアメリカの人民寺院事件（一九七八年）のような集団自殺に至るといった、個人の人権や自立をまったく顧みないものになった経験から、われわれは眼を背けるべきではない。ただし、現在でも「コミューン」的発想は、エコロジーや地域の自立を目指す運動などのなかに、より寛容で多様性を承認する形態で残り続けていると言うこともできる。

トゥレーヌの「新しい階級」

ニューレフトのセクトは、自分たちがもっともラディカルであろうとする強迫観念によって、他のセクトを攻撃し、内ゲバに明け暮れていくことになり、一般の学生の支持を失って孤立化していった。しかし、当初は学生のなかに広汎な共感を見出したこともまたたしかである。なぜこの時代の社会運動が、これまでのような労働運動よりも、学生運動を核として形成されたかを考える必要がある。この点については、フランスの著名な社会学者となるアラン・トゥレーヌ（一九二五―）の『脱工業化の社会』（トゥレーヌ 1969→1970）が示唆的である。トゥレーヌは、学生が「革命」の主体となった背景として、産業社会から脱産業社会への移行という社会変動が存在することを明らかにする。

トゥレーヌによれば、先進諸国ではかつての資本家と労働者とが対立する社会に替わって、「プログラム化された社会」が出現してきた。この新しい社会は、テクノクラート（技術者）やビューロクラット（官僚）が大量に存在し、影響力を持つ社会である。この社会はオートマティックに動くようにも見えるが、紛争が消滅するわけではない（この点はマルクーゼの「一次元的社会」のイメージとは異なっている）。重要なことは新しい種類の紛争が発生し、これが「新しい階級」に担われるとされる点である。

紛争はかつてのような生産の場から、消費の領域へと重点を移す。それとともに、社会闘争の内容が文化的反抗へと変化していく。学生は今ではテクノクラート予備軍という意味を与えられる。かつて学生は古い階級社会でエリート層の供給源と考えられていたが、大衆化によって現実と合わなくなり、国家や大企業のプログラムのもとで働く、知的ではあっても従属的な労働者となる運命にある。そうした境遇の学生たちが、自己決定や討議を要求して立ち上がったのが学生叛乱だった。学生たちは、自らがかかわっている高度な科学技術プロジェクトが、何の目的でなされ、どのような影響を与えるのか、といった事柄の決定から疎外されていることを感じた。それらの技術は軍事的殺戮や地球環境の破壊と結びついているかもしれないという危惧が、異議申し立ての根拠となった。

こうして、高度に科学技術化された領域と知識階級が、トゥレーヌの指摘するように、新たな闘争の場や主体を構成する。学生の問題提起に始まった「パリの五月」は、労働者にも広く影響を与え、「工場の自主管理」運動へと展開していく。このような闘争は、従来の経済闘争とは異なり、労働や余暇といった日常生活の意味を、時間や空間の配分の点などから再考する試みを伴っていた（ルフェーヴル 1974→2000）。トゥレーヌやアンリ・ルフェーヴルは、このように「五月革命」の意味を、過激な政治運動よりもむしろ、日常生活の空間の問い直しによる新しい社会の出現のなかに見出したのである。こうした試みは、一九六八年の運動の熱気が遠ざかったあとも、今に至るまで社会の各所に静かに息づいているのを見ることができよう。

ニューレフト批判

以上のような「一九六八年の革命」の近いところにいた解釈者たちの見解に対して、もちろん当時から批判者もまた存在した。このような事態のなかに、政治的権威の衰退や社会関係の解体の危機を見る、新たな保守主義が胚胎したことも見逃せない（Ⅳ部で後述）。一方、左派と目される思想家のなかにも、ホルクハイマーとアドルノ、丸山眞男のように、この若者の過激な運動に理性の崩壊と野蛮の再来を見て、これを拒否する人々も存在した。同時に、七〇年に自衛隊員たちを前に割腹自殺した三島由紀夫のように、叛乱する学生たちに何らかの近さを感じていた右翼文学者の例もある。このように、ニューレフトの運動は、左派にとっても右派にとっても、問題的（プロブレマティック）な出来事としてあった。

フランスではとりわけ、その後も社会運動が発生したりするごとに、一九六八年とは何だったのかが、支持する側と批判する側の両方で問われてきた。「六八年」の出来事には、フランスの国是である共和主義とは何かを問い直し、その解釈を揺さぶるものがあることが、この事件をめぐる議論にフランス特有のアクチュアリティ（現実性）を与えてきた面がある。ここでは批判者による視点のひとつとして、フランスの共和主義の立場からこの運動とその背景にある知的潮流を批判した、リュック・フェリー（一九五一―）とアラン・ルノー（一九四八―）の共著『六八年の思想』（フェリー、ルノー1985→1998）を紹介することにしたい。

この著者たちは、人間主義的哲学（たとえばフィヒテ）の立場から、フランス革命以来の共和主義を擁護する立場にあり、彼らの言う「六八年の思想」は、このような人間主義的・共和主義的伝統を破壊するものであるとする。著作の大半は、フーコー、デリダ、ラカン、ブルデューといった、いわゆるポスト構造主義の思想の批判に充てられている。それは、著者たちが、「六八年」とポスト構造主義とを直結するものとみなしているからなのだが、これはもちろん自明とは言えない想定である。著者たちによれば、ニーチェに由来する反人間主義的哲学は六八年の思想、すなわちポスト構造主義に大きな影響を与えた。それは共和主義を支える「主体」の死であり、六八年の思想は「主体」を否定して、代わりに「個人」を置いた。その結果、「個人」のライフスタイルにもとづく消費資本主義と多文化主義の天下となった。六八年の革命は、その左翼的で反資本主義的な主張に反して、実際はグローバルな消費資本主義を結果として生み出した、というのがフェリーらの結論である。

もちろんこのような解釈は、当時の運動に参加した人々の多くにとっては受け入れることのできないものである。たとえば、ギリシア出身で、フランスにおいてこの運動にかかわってきたコルネリュウス・カストリアディス（一九二二—九七）などは、フェリーらの解釈に強く反対し、「六八年」の民主主義的性格を擁護している。「六八年」の批判したものこそ消費資本主義や個人主義であって、それらに対抗して「連帯」を掲げたのだ、と。

「六八年」の知的な背景についてみれば、さらにこの解釈への疑問は拡大する。まずひとつは「六八年」をポスト構造主義に結びつけるのはなぜか。ポスト構造主義に先立つ構造主義は、もともとサルトルの実存主義が「実存主義とはヒューマニズムである」と称し、人間、主体性、弁証法、歴史といった観念にもとづき政治への参加（アンガジュマン）を促していたのから距離を取り、これらの主張が特殊なヨーロッパ的視点だとして相対化した点に特徴があった（C・レヴィ＝ストロース）。構造主義やポスト構造主義が直接に政治参加を促したわけではなく、むしろ当時これらは政治にはシニカルな思想と考えられていた。

たしかに、当初ニューレフトが影響を受けたのは、疎外論とも結びつく人間主義的なマルクス主義（「疎外論」については次章で後述）であったことを念頭に置けば、フェリーらの指摘は奇妙に思われる。スターリン批判を受けて、ソ連において正統とされたいわゆる「マルクス＝レーニン主義」に代えて、若い世代は『経済学・哲学草稿』をはじめとする初期マルクスに着目し、そこに見いだされるヒューマニズムおよびハンガリーやチェコでの「人間の顔をした社会主義」に共感を寄せた。一方、構造主義的にマルクスを読み直した理論家ルイ・アルチュセール（一九〇八―九〇）は、マルクスの人間主義的な読み替えを否定した。そして少なくとも政治的には、ソ連とフランスの共産党に忠誠を誓っているように思われた。このように、六八年の運動と（ポスト）構造主義とはむしろ相反する契機とみるのが普通とも言える。

しかし、弁証法や歴史とつながるヒューマニズムが西欧的な理性内部での批判であったのに対して、（ポスト）構造主義は西欧的理性そのものを問題にするという点で、より理論的にラディカルな面があった。六八年に始まる社会運動は次第に（ポスト）構造主義の知的影響を受けるようになった。また同時に、ポスト構造主義的とされる思想家の側にとっても、六八年は決定的な意義をもつ経験として刻印されることになる。

その傾向は、とりわけドゥルーズとガタリなどにとっては明瞭であり、彼らの哲学は「六八年」抜きにはありえなかった。またフーコーにとっても、彼の関心が規律権力論へと変化したのは、この時期の監獄改善の運動とかかわっている。このように、六八年に始まる運動とポスト構造主義の知的潮流とはたがいに重なり合う面を持つようになり、運動の背景にある思想はヒューマニズムから反ヒューマニズム（構造主義、ポスト構造主義）へと横断的に変化していくことになる。

それでは、フェリーとルノーの命題は正しいことになるのだろうか。もうひとつの問題は、ポスト構造主義の思想が消費資本主義の隆盛をもたらし、フランスの共和主義的文化を衰退させたとする議論についてである。これは六八年の運動とポスト構造主義とのかかわり以上に疑わしいというべきだろう。ポスト構造主義の諸思想の通俗形態（いわゆるポストモダニズム）はたしかに一九八〇年代に流行し、出版業にいくらかの恵みをもたらしたとしても、これらの流行思想が資本主義をいっそう発展させたなどと言うのは思想への過大評価だろう。フェリーらが列挙する独創的なポスト構造主義の理論が、旧来の左翼的な言説を失効させるうえで何らかの役割を果したしたことがあったにせよ、それらを消費資本主義と直結することができるわけではない。

ただし、一九六八年に始まるとくにカウンターカルチャーの運動が、高まりつつあった消費資本主義の水準と無関係だったとみることもできない（見田 1996）。体制を批判する過激なロックンロールの曲であっても、売れなければ運動が拡大することはない。運動の当事者たちにとって、当時乗り越えるべき対象であったはずの消費資本主義が、自らを否定するものまでビジネスチャンスとして取り込む資本主義の驚くべき適応力によって、意図しない結果をもたらした。その結果、カウンターカルチャーからはいつしか抗議の意味は薄れてゆき、ライフスタイルの多様性という、画一性よりはよいとしてもそれ自体は退屈な消費社会の現実が残ることになった。

「世界システム」のなかのニューレフト：ウォーラーステイン

世界システム論で知られるイマニュエル・ウォーラーステイン（一九三〇―二〇一九）もまた、「六八年」との深いかかわりのもとで理論形成をした人物である。彼は驚くべきことに「六八年」を歴史上唯一成功した「革命」と呼び、さらに現在もなおこの「革命」は進行中だとしている（ウォーラーステイン 1995→1997）。この主張が意味するのは何であるのか。また世界システム論に占める六八年の位置とは何であるのか。

まずウォーラーステインは、彼の描く世界経済システムの歴史のなかで、この「革命」の前後が重要な転回点となっていることを指摘する。経済の長期波動を表す「コンドラチェフの波」が、一九七〇年頃を境として、A（上昇）局面からB（下降）局面へ転換し、一九四五年を起点とする経済の拡大の時代が終わったことが示されている。ウォーラーステインのシステム論によれば、この転換には、「ジオポリティカル」な変動が重なっている。すなわち、世界システムを構成する、中心・半周辺・周辺の各地域間の移動が生じる。ウォーラーステインによれば、中心国アメリカの地位低下と、アジア諸国の半周辺から中心への上昇がこの変動を特徴づける。

さらに、「ジオポリティクス」の変動は「ジオカルチャー」の変動をもたらすとされる。ジオカルチャー概念は説明が容易ではないが（山下範久〔ウォーラーステイン 1999→2001〕の優れた解説を参照）、これは文化革命的な意味を含み、ウォーラーステインが「一九六八年の世界革命」に込めた意味もこれにかかわっている。そのなかで、彼が「リベラリズムの終焉」と呼ぶ変化についても触れておこう。

ニューレフトの「六八年」の約二十年後、東欧革命による共産主義圏の実質的な崩壊によって、「歴史の終わり」（フランシス・フクヤマ）、言い換えれば「自由主義の勝利」の言説が広く受け入れられたことを考えるならば、自由主義の終焉を説くウォーラーステインの主張は奇妙で時代に反するように思われる。しかし、ウォーラーステインの自由主義（リベラリズム）の定義が独特なことに注目する必要がある。これには、国家が主導する改良主義、進歩主義といった意味合いが与えられている。ウォーラーステインによれば、フランス二月革命などの「一八四八年の世界革命」が失敗した後、リベラリズムを中心に、社会主義、保守主義の三つのイデオロギーの対立が現れた。しかし、これらはいずれも国家主義に取り込まれることになるという点では大した差異はなく、いずれもがリベラリズムとその変種にすぎない、というのがウォーラーステインの見方である。

ウォーラーステインによれば「一九六八年の世界革命」の意義は、このような意味でのリベラリズムを覆す動きの発端になったことに求められる。この大きなトレンドの転換は、「一九八九年の東欧革命」の衝撃へと引き継がれた。ソ連の崩壊とアメリカの経済的弱体化は、その端初が六八年に始まる運動に含まれており、ここに起点を持つ「反システム運動」は、国家に回収されないフェミニズム、エコロジー、多文化主義などの新しい社会運動として広く展開し、今日までつながっている。ウォーラーステインが、六八年の革命は唯一成功した革命であり、今も進行中だというのは、そのような意味が含まれている。

ウォーラーステインが「六八年の革命」の意義を長期の世界システムの歴史のなかで把握することを試みたのは、きわめて興味深いことである。では、その後ニューレフトの運動が衰退し、少なくとも表面的には新保守主義の時代に転じたのを彼の理論ではどのように説明するのだろうか。保守化した時代にあっても、国家への信頼は回復されることはなく、グローバル化のなかで反システム運動は継承されている、というのが答えなのだろうか。しかし、サッチャーとレーガンのもたらした「保守革命」には独自の説明が必要と考えられる。またアメリカの覇権の衰退と、アジア（とくに中国）へのジオポリティカルな中心の移動という点でウォーラーステインの「ポストアメリカ」の見方には当たっている面があるとしても、最近の中国の国家主義、権威主義の強化の方向は、「六八年の革命」とはちょうど反対のものである。こうした事柄については次章であらためて検討してみたい。

第七章
知の刷新

ここでは、一九六〇―七〇年代の社会運動が、人文・社会系の学問知にどのような影響を与えたのかについて概観する。この社会運動は現代社会のあり方の根幹を問うものであり、人文社会系の学問（また一部の自然科学も含めて）を担う大学人たちにとって無関心ではいられなかった。またこの運動は主として大学において、既存のアカデミズムへの強い反感や不信をもとに開始されたが、反知性主義的だというわけではなく、かつて運動に参加した者のなかには、大学院に残り研究者の道を歩んだ例も数多い。そうした人々自身による学問の刷新の成果は、運動にやや遅れて七〇―八〇年代に発表され、既存の学問の対象や方法を刷新していく。その影響は特定の学問分野を超えて広汎に及んでおり、その後もさまざまな変容を経て、現在につながっている。

一　疎外論と物象化論：マルクスとウェーバーの解釈替え

マルクスの読み直し

これまでの章でもたびたび触れたように、「マルクスとウェーバー」はとくに日本の戦後社会科学の思想のもっとも重要な参照点であった（もちろん欧米でも重視されていた）。一九六〇―七〇年代には、このような伝統を引き継ぎつつ、マルクスとウェーバーの解釈においては大きな革新と創造が行われた点で画期的な時代であった。一方、その後は知的関心が多様化し、マルクスとウェーバーへの関心の集中は見られなくなるので、「マルクスとウェーバー」で特徴づけられる最後の時代だったと言うこともできる。

まずマルクスについて言えば、政治勢力としてのマルクス主義の長期的な衰退のなかにあって、マルクス研究が最後の輝きと盛り上がりを見せた時代となった。この意味は現在では見えにくいかもしれない。先立つ時代にあっては、マルクス研究は政治権力と分かちがたく結びつけられていた。ソ連や中国をはじめとする共産圏にあっては、「マルクス＝レーニン主義」という名で知られる、実際はスターリン主義的なマルクス主義の公定解釈が押し付けられ、マルクス主義に関する自由な研究の可能性は断たれていた（それでも東欧の反体制派による成果は存在したが）。西側にあっても、ソ連および各国の共産党の権威による学問研究への制約は無視できなかった。マルクスやマルクス主義についての自由で創造的な研究は、皮肉なことにこのようなマルクス主義政治勢力の衰退によってはじめて可能となった。

この時代になると一部のマルクス研究者たちは、公定のいわゆる「マルクス＝レーニン主義」が根本的にマルクスを読み誤ってきたために、歪曲されたイデオロギーとなって社会主義国家での抑圧を正当化してきたと考えるようになった。それゆえ理論研究の課題は、政治権力によって歪められる前の本来のマルクスを甦《よみがえ》らせることだとされ、この作業は、スターリンからレーニンへ、またレーニンも疑ってマルクス・エンゲルスへ、さらにはエンゲルスとは区別されるマルクスその人へ、というような遡行のプロセスをたどった。これに先立って、マルクス、エンゲルスの初期草稿（『経済学・哲学草稿』『ドイツ・イデオロギー』）や中期マルクス（『経済学批判要綱』）の未公刊原稿の研究がなされたことが新解釈の刺激となり、また本来のマルクス像を復元しようとする意欲が文献研究を後押しした。「本当のマルクス」にたどり着くことが、抑圧的な東の体制を根底から批判し、また西側の先進国革命の方針を見出す鍵となり、人間解放につながると、この時代には本気で考えられていた。このようなマルクス研究に託された期待は、後の時代から振り返れば、明らかに過剰な期待だった。しかし、このような試みが後の時代に残した遺産は決して小さくはないと考えることができる。

「疎外論」としての解釈

このようなマルクスの読み直しは、まず、二十世紀になって発見された『経済学・哲学草稿』の本格的な研究にもとづく、人間主義的、疎外論的なマルクス解釈として展開した。「疎外」という概念の起源はヘーゲルの「外化《がいか》」にある。ヘーゲルは、人間が自らの能力や本質を、労働によって外部に作品として対象化する努力を経て実現すると考える。労働は困難を伴う経験だが、いったんこのような試練を経由することで、労働する主体は自由や普遍性に到達することができるとされた。ここには、労働が蔑視されていた古代とは逆に、労働こそが人間本質の実現の契機となるという近代的な世界観が示されていた。

マルクスはその青年時代に、このようなヘーゲルの労働観を高く評価しつつも、現実の労働が決してそうはなっていないことを批判する。労働によって外化された人間活動の産物は、現代社会では享受されることはない。労働生産物は労働者の手元に残るのではなく、誰か別の人の所有物となるため、労働者にとって内化されず、労働者は貧困のままである。マルクスは労働者のこうした状況を「疎外」と呼び、ヘーゲルの「外化」から区別する。

マルクスとエンゲルスはその共著の草稿『経済学・哲学草稿』のなかで、有名な労働の「四つの疎外」を指摘している。それはまず、①労働生産物からの疎外：労働生産物は交換によって豊かな私的所有者の手に渡る。②労働過程からの疎外：労働生産物から遠ざけられるゆえに、労働の過程自体も、労働者にとって自分の能力を発揮する歓《よろこ》びを何ら感じられる行為ではなく、ただ苦行として経験される。③類からの疎外：労働は人類が類としてこれまで作り上げてきた成果（たとえば道具の改良）をもとにしているのに、利己的に分断された労働はその主体を類から切り離してしまう。④人間相互間の疎外：類からの疎外のゆえに、人間相互が対立し、疎外された状況に置かれる。

今から見ればややナイーヴに思われるこのような労働のあり方に対する批判は、一九六〇年代頃には熱心に受容された。それはまず『資本論』などのマルクスの成熟期には見えにくい人間そのものへの関心が、初期著作には見いだされることへの注目だった（『資本論』では、人間は資本が人格化したものとしてだけ扱われるとされた）。「マルクス＝レーニン主義」を掲げる非人間的で官僚的な国家に対するオールタナティヴとしての「人間の顔をした社会主義」を構想するために、こうしたマルクスのヒューマニズムは好適だった。

つぎに西側先進諸国の事情の変化があった。二十世紀になって、生産力の上昇や政治的発言権の増大によって、労働者階級も豊かな社会の恩恵を受けるようになった。こうした事態はマルクス主義のもとで考えられていた窮乏化の進行や恐慌が革命を発生させるという説明とは、まったく合致しないものだった。たしかに十九世紀中頃のマルクスの描いた労働者階級は物質的にも貧困だったが、その面よりもむしろ精神的な貧困化（前述②以後の疎外）の方が、機械化、オートメーション化された二十世紀の労働のあり方に対する批判として訴求力を持ち得た。

このような疎外論的なマルクス解釈に対して、マルクス主義の正統派は当然、労働者の富裕化は表面的なことにすぎないとし、主観的な労働者の意識よりも客観的な過程の方が重要であると非難した。しかし、こうした正統派からの批判は、労働者の意識だけでなく資本主義の構造も変わり単純な階級対立では説明できなくなった時代に、著しく説得力を欠くものでしかなかった。

疎外論的解釈への批判：廣松渉の物象化論

一方、より重要なのは正統派以外の新たなマルクス主義の流派からも、まったく異なる立場から疎外論的マルクスを批判するものが現れたことである。フランスの構造主義的マルクス主義者ルイ・アルチュセール（アルチュセール 1965→1994）や日本の廣松渉《ひろまつわたる》（一九三三―九四。廣松 1969）は、マルクス・エンゲルスの初期草稿を詳細に検討しつつ、疎外論的、ヒューマニズム的立場が彼ら自身によって明確に退けられた過程を明らかにした。これが、マルクスにおける初期と後期との「切断問題」と言われる主題である。

とくに廣松は、マルクス・エンゲルスの後期思想への移行に関して、マックス・シュティルナー（一八〇六―五六）の与えた影響の大きさを指摘した。シュティルナーはもともとヘーゲル左派に属した思想家だったが、ヘーゲルからその批判的継承者であるブルーノ・バウアーやL・フォイエルバッハを含めて、これらの思想がすべて現実の人間の「精神」への従属であるとして切り捨て、「飲み食いする」現実の人間のエゴイズムを肯定したのである。廣松によれば、このシュティルナーの批判を重視したマルクス・エンゲルスは以後、何らかの人間的「本質」に依存することを止め、何らかの本質を想定する疎外論から距離を取るようになる。同時にシュティルナーのエゴイズムの観点だけでは見えてこない人間の「交通」の過程としての歴史を描くことが、マルクスらの新しい課題となる。人間が自然にかかわる労働の行為を通して、人間相互間の関係が形成され、相互主観的な歴史世界を生み出すが、このように人間の共働によって形成された社会関係は、人間の意識から独立し、モノであるかのように法則的に展開していく（物象化論）。『ドイツ・イデオロギー』はそれを最初に試みた草稿として位置づけられる。

疎外論は直感的に、当時の孤独で不安を持った若者の感性に訴えるものがあったのだが、いったい人類史のなかで、人間が疎外されていないような時代があったのか、という疑問に答えることはむずかしい。また、人間性を回復する、といった語りは、何か不変の人間性ないし人間の本質を想定することになるが、このようないわば実体的なものを置く根拠があるのだろうか。それに加えて、近代を人間の疎外の時代だとし、疎外されない原点に回帰するといった発想は、かつてファシズムが主張した近代批判や民族の原点（たとえば神話）への回帰の発想と、意外に近いものになるという危険も無視できない。

このような物象化論が提起した本質主義批判という視点は、後にポスト構造主義の流行とともに社会理論に迎えられ、今日に至るまでつながっている点で、その発端のひとつとなった物象化論を再考する意義は見いだされるだろう。

疎外論的解釈は正統派のいわゆるマルクス＝レーニン主義への抗議としては有効であり、またマルクス自身のテキストに沿ってみても、疎外と物象化の概念は並行して用いられていることも多く、マルクス主義のなかで疎外論的立場が一方的に退潮したというわけではない（山之内 1996）。ではは物象化論の立場は、疎外論を批判するだけでなく、どのような社会批判の視点を積極的に提示することができたのだろうか。

一九六〇—七〇年代の当時、盛んに論じられたこのテーマを復元するのは繁雑すぎるので、物象化論と関係の深い成熟期マルクスの『資本論』第一巻のなかの「商品の物神性」の項目を例に触れておこう。通常経済学の書物と考えられている『資本論』のなかで、この項目は異彩を放っている。物神性（フェティシズム）というのは宗教人類学的な用語であり、マルクスはいわば人類学者の眼で市場関係を見ている。マルクスは、商品と商品とは「商品語」を用いて会話する、というような不思議な表現で語っている。互いに関係のない異なる性質をもった複数の物が貨幣を介して交換されるのは、人間と人間の関係があたかも物相互の関係であるように現象させる物象化の作用なのである。

物象化論は疎外論のあとを継ぐように、一九六〇年代から七〇年代にかけて、日本の社会理論に大きな影響を与えた。それはナイーヴさを残した疎外論の人間主義ではなく、また正統派マルクス主義の「科学主義」とも異なる、第三のマルクス主義の「新地平」だった。

ウェーバーの解釈替え

物象化論の主題は、マックス・ウェーバーの解釈替えからも生じてきた。戦後日本のウェーバー解釈は、大塚久雄の研究を代表例として、伝統的社会を突破する近代精神の発見をウェーバーに読み込むものが中心的だった。マルクスが十分語ることがなかったブルジョワジーの実践的起動力の精神的起源をウェーバーが明らかにしているということから、ウェーバーはマルクスと対立するよりもむしろマルクスを補完する存在として、戦後の知識人たちによって重視されてきた。ウェーバーとその考察対象であるたとえばカルヴァン派とは、近代を開始した英雄的精神という点でつながっていると考えられた。一方、欧米でのウェーバーの用いられ方は、このような精神的な思い入れを含んでいなかったとしても、パーソンズの社会学理論に代表されるように、やはり近代化を中心としそれに肯定的評価を与えるものだった。

それに対して、一九六〇年代から目立ってきた解釈は、ウェーバーのなかに近代批判のモメントを見出そうとする点で特徴的である。たしかに『プロテスタンティズムの倫理と資本主義の精神』の末尾での「精神なき専門人」となる「最後の人間」のニーチェからの引用はよく知られていた。しかし、従来このようなウェーバーの悲観は、近代市民が堕落した大衆に当てはまるものであり、ウェーバーのメッセージは近代の原点に戻ることにあるというように読まれた。すなわち近代自体の価値を問題化するには及ばなかったのである。

ニューレフトの時代のウェーバー研究が、「近代主義的ウェーバー」像に替えたものは、現代の「意味喪失状況」と格闘するウェーバーの姿だった（折原1969）。当時「鉄の檻」などと呼ばれた官僚制の冷たい規律に耐える現代人の運命をもたらしたのは近代の精神であって、近代と現代とが対立しているというよりも、現代を生み出した近代の精神そのもののなかに問題と責任がある。カルヴィニズムは労働の意味を問うことを「禁欲」し、隣人愛を神への忠誠を競う容赦のない競争に変えたのであり、近代主義的解釈が評価するような内面性が尊重されたのではない（内面性という点ではクウェーカー教徒の方が当てはまる）。このような近代への疑いこそ、ウェーバー自身の研究動機を支える契機だったのだ、とニューレフト時代のウェーバー研究者たちは指摘した。そして、さらにウェーバーは近代主義者というよりむしろ、近代の限界を先駆的に捉えた点で、ニーチェにつながる思想家だと解釈替えされることがこの後は多くなった（山之内1997）。ただし今の時点で振り返るなら、ウェーバーのなかに近代批判のモメントは認められるが、その反対物と見るのも一面的なウェーバー像であり、近代の両義性を問題にした思想家だと言えよう。近代の価値が容易に投げ捨てられたり「超克」されたりするようなものでないことも明らかである。

この時代のウェーバー論にあって、世界的に「鉄の檻」のメタファーは決定的なインパクトを与えた（現在では、英語のiron cageという訳は適切性を欠くとの批判がなされ、「鋼鉄の容器」などと訳されている〔野口2018〕）。近代の精神が凝固して人々の意識から独立した制度となり、「鉄の檻」を形成して、現代人の精神や身体を閉じ込めている。このような見立ては、マルクスの把握した商品社会の物象化とは異なる視点ではあるが、もうひとつの物象化論として、ともに現代社会の支配管理体制を論じる議論のなかで広く用いられた。このような主題は、やや後に登場するフーコーの規律権力論にもつながる面を持った。

物象化論、その後

以上のように、物象化論は一九六〇—七〇年代に盛んに論じられ、現在につながる要素も持ち合わせてはいるのだが、しかし物象化論自体としてはその後衰退してあまり顧みられなくなる。この急速な衰退と忘却は何によるものだろうか。それを考えるには、物象化論の実践的含意を検討してみる必要がある。

物象化論が問題にするのは、人間のあいだの関係が冷たい制度に凝固し、それがあたかも変えることのできない運命であるかのように人間を拘束する点である。たとえば市場という制度はその代表例である〔真木1977〕。市場は（神や自然ではなく）人間が作ったものであることは誰にも自明であるのに、景気循環のなかで起こる恐慌のような破滅的結果を、予測することはできても克服することはできない。物象化された制度のなかでより有利な立場の者（たとえば資本家）はいるとしても、このような人々も制度に対して自由であるわけではない。現代社会を本当に支配しているのは、人や人の集団というよりも、この凝固したシステムだということになる。

そうであるならば、物象化の問題に対しては社会関係を再び流動化して、運命を運命でないものにするしかない。それが流動化を必要とする理由である。しかし困難は、制度を介せずに人と人とが直接的に交流するような関係を思い描くことができるかどうかにあった。疎外論を批判する物象化論は、疎外論に比較してクールに見えるが、物象化論を語る動機の面において、やはりこの社会とは異なる、制度を介することのない何らかのユートピア性を必要としたのである。しかし、そのような想像力が物象化論自体から出て来るわけではなかった。

さらに、人間個人の意図から独立した制度の客観性は、たしかに物象化論者が批判するような抑圧性を有する面があるとしても、そうした制度抜きに人間は生きていくことができないのではないか。非日常的な高揚が過ぎ去った後、制度の効用についての冷静な考察が取って代わるようになる。

とりわけ重要な制度は「市場」である。物象化論から見れば、「需要と供給が価格を決定する」といったメカニズムは、人間相互の実践が結果として作り上げる制度でありながら、あたかも自然的秩序のように現象してコントロールできなくなる「市場」関係は、典型的な物象化の例として把握されてきた。一方ハイエクは、よく知られているように、市場を、意図的な計画によって作られる秩序とは対照的に、「自生的秩序」として把握した。ハイエク的な関心から言えば、市場を人間が好きなようにコントロールできないことはむしろ長所であり、参加者個々人の意識から独立し、いわば物象化された市場の制度があるおかげで、むしろ個人は自由を享受できるのだ、ということになる。市場にも多くのタイプや側面があり、一概に判断・評価することはむずかしい。

二　社会科学の「パラダイム転換」の思想

ニューレフトの時代と「パラダイム転換」

この時期から一九七〇―八〇年代を通して、社会科学には大きな質的変容が生じ画期的な試みがなされた。ニューレフトの政治的・社会的実践には評価が分かれ、失敗したものが多かったが、学問に与えた刺激の大きさや豊かさという点では、歴史上まれに見るものがあった。運動に参加した学生のなかには卒業後研究者になった者も多く、いくらかのタイムラグを経て、その後持続的に人文・社会系の学問、そして自然科学の思想にも多大な影響を与えることになる。

この時代の学問に見られた共通の特徴のひとつとして、「パラダイム論」の流行を挙げることができよう。パラダイム論とは、科学哲学者トマス・クーン（一九二二―一九九六）がその『科学革命の構造』（1962）のなかで提起した概念であり、代表的には十七世紀の科学革命を例に、科学者集団に共有される価値観が変化することで科学に断絶がもたらされることを説いたものである。クーンのパラダイム転換の議論は、科学が漸進的に進歩してきた、という常識的な見方を覆し、先行するパラダイムに内在する「パズル解き」（通常科学）とは異なる、オールタナティヴな科学のあり方に希望を与えた。一九七〇年代にはこの考えが人文・社会系の学問にも広く導入され、旧い世界観にもとづく学問に対するオールタナティヴとしてパラダイム転換への期待がさまざまな分野で語られた。

パラダイム「転換」を持ち出す諸潮流はさまざまであったが、ある程度共通する傾向としては以下のような点が見いだされよう。ひとつには、十九―二十世紀の知を指導してきた、科学主義、実証主義、進歩主義などが疑われるようになったことである。西欧社会の進む方向が唯一のゴールというわけではない。前近代的な伝統は、たんに克服されるべきもの（戦後日本で言われた「封建遺制」）ではなく、現代社会のなかでなお生きるそれらの価値が復権される。また第三世界へのまなざしも変化し、「遅れた」と思われてきた途上国に生きる人々の知恵が再発見される。こうして先進諸国が近代化のなかで失ったものをもう一度取り戻そうという努力が、世界各地でなされるようになった。

ここでは社会学者の鶴見和子（一九一八―二〇〇六）らが中心となって上智大学国際関係研究所

で行われた共同研究の成果である、『思想の冒険：社会と変化の新しいパラダイム』（鶴見、市井1974）をもとに、当時の「パラダイム転換」のねらいについて振り返ってみたい。

鶴見らが批判の対象とするのは、アメリカの社会科学に広く影響を与えてきた一九五〇―六〇年代の近代化理論のパラダイムである。近代化理論は、「非動物的エネルギー使用の比重の増大」といったものから、それらの工業化の要素に加えて広く社会の構造的変化の総体を意味するもの、またマルクスやウェーバーを継承し、封建制から資本主義へ、また共同体から個人へ、といった図式を中心とするものなど、さまざまなタイプが存在する。これらの多くは、伝統社会より近代社会を優位に置く単線的な進歩観、進歩を内発的なものと見るより外来の近代の導入と見る考え方（近代化＝西欧化）、などの考え方において共通している。これに対して鶴見らは、（近代化というよりも）より広い社会変動のオールタナティヴなパラダイムとして、たとえば柳田國男に着目する。

柳田の社会変動パラダイムの特徴として鶴見が挙げるのは、単系発展に対する多系発展、外発性に対する内発的発展、近代化における伝統の持続、エリート主導の近代化に対する「常民」の役割、といったものである。共同体には個人を抑圧する面だけではなく、個人の自立を助ける面がある。また共同体が国家権力に対抗する拠点になったこともあり、柳田が国家権力に対して民俗信仰を守ろうとしたことを評価している。また柳田には共同体から離れて流浪し、山人《さんじん》など周辺に生きる民になるケースへの着目もある。鶴見は日本の共同体が多様な面を有するのであり、たとえば大塚久雄がマルクスとウェーバーから抽出して作り上げた『共同体の基礎理論』（大塚1955→1969）のように、共同体から個人へと単純に近代化を把握するのとは異なる見方を提示している。柳田がその『明治大正史　世相編』で扱った、長い時間をかけて変化する趣味や身体感覚の歴史といった、歴史叙述の斬新さにも鶴見は注目している。これはフランスのアナール派歴史学の「マンタリテ」や「長期持続」の発想ともつながるものだろう。

鶴見らはこの共同研究に、哲学者、歴史家、中国史やロシア史の研究者、科学史家、政治学者ら、広汎な分野の研究者を集めている。そして実践的には、地域主義、環境運動、市民運動の関心とも結ばれている。九州の水俣病をめぐる公害反対運動も、このような知的結集の原点のひとつとなっていた。

このような知の刷新は、今では広く受け入れられ伝播したために、新鮮味があまり感じられないかもしれないし、また共同体とその伝統に対する評価や、とくに毛沢東時代の中国への思い入れなどは、今から見ればナイーヴに思われる点があろう。柳田に関していえば、後にはポストコロニアル系の批評によって、そのナショナリズムが問題にされるようになる。しかし以上の留保を置くとしても、この時代の試みが、それまでの戦後思想には乏しかった可能性を開いたことは明らかである。

社会科学の諸領域における刷新

この時代には社会科学のどの分野でも、既存の学問のあり方に対する異議申し立てが行われ、それが学問の内部変革をもたらした。ただし、ディシプリンごとにこれまで主流であった学問の性格が異なることから、異議申し立ても一様であったわけではない。私が理解できる範囲は限られているので、それぞれの専門家による研究に譲り、私がある程度知っているポスト行動主義政治学と正義論についてだけいくぶん詳しく触れることにしたい。

経済学では、ニューレフトの影響下で「ラディカル・エコノミクス」と呼ばれる流派が形成された。これは主流派の新古典派同様、数量的モデルを用いいながらも、市場が成り立つ前提とその権力的関係に着目したとされる。ケインズ派経済学の系統からは、日本を代表する経済学者であった宇沢弘文が、社会的共通資本に着眼し、市民運動にもかかわるようなラディカルな提言を行った。一般向けに書かれた『自動車の社会的費用』(宇沢 1974) は、経済学の視点から自動車中心の文明のもつ問題点を先駆的に明らかにして、広く読まれた。より主流派から遠い経済思想としては、玉野井芳郎によって日本に導入されたカール・ポランニーの経済思想が、エコロジーや地域主義の根拠づけにその後長い影響力を持つことになる (後述)。

社会学では、この時代に主流派と目されていたのは、何よりアメリカのパーソンズによる「構造機能分析」および社会システムの一般理論であった。パーソンズはデュルケームとウェーバーのそれぞれ対照的な社会学の伝統を包括した独自の体系を作り上げた。ニューレフトの時代の批判的な社会学者たちが問題にしたのは、経済学の場合とは対照的に、パーソンズの体系では社会化が優位にあり、個人をシステムによって配分される社会的役割に従属させる保守性だった。アルヴィン・グールドナーの『社会学の再生を求めて』は、こうした主流派社会学の実践的保守性への抗議として、大きな影響力を持った。また構造機能分析に対するオールタナティヴな方法として、ピーター・バーガーやトーマス・ラックマン（バーガー、ルックマン1966→1977）による「現象学的社会学」が、抗議する学生たちに共感された。この立場は、哲学上の現象学の祖、フッサールの後期思想をもとにした、アルフレッド・シュッツの日常生活の現象学を継承し、「生きられた意味の世界」を発見するものだった。バーガーらもデュルケームとウェーバーの両方の社会学的伝統に依拠していたが、その方法はパーソンズとは対照的だった。現象学や解釈学、構造主義や記号論、後期ウィトゲンシュタインに始まる日常言語論といった、この時期隆盛を見せていた人文学のさまざまな試みが、社会学をはじめ社会科学の方法にも新しい刺激を与えていた。

ポスト行動主義的政治学

政治学におけるこの時期の知的動向のひとつに、「ポスト行動主義（post-behavioralism）」運動が挙げられる。長い間政治学は、アリストテレス『政治学（ポリティカ）』に遡る、社会諸学のなかでもっとも旧い学だと言われながら、同時に社会諸学のなかでもっとも科学化の遅れた学問だとされてきた。ここには政治学が逃れることの困難な党派性やイデオロギー性が、客観性を備えた学問の形成を遅らせてきたことが指摘されてきた（たとえばカール・マンハイム『イデオロギーとユートピア』〔1929〕第二部）。

しかし、十九世紀末から二十世紀のはじめにかけて、アメリカで自然科学をモデルとした政治学の科学化が進められ、とくに人間の意識をブラックボックスとし、外部から客観的に把握できるものだけを扱う「行動論（behavioralism）」の立場が、戦後デイヴィッド・イーストンらによって唱道された。この変化には、政治学がアリストテレス以来長く維持してきた規範的関心や、また制度論的な考え方から手を切り、独自の経験的で客観性を備えた科学として自立しようとする意図が存在した。イーストンらはこの政治学の科学化を政治学のパラダイム転換として自負した。

しかし、一九六〇年代から公民権運動やヴェトナム反戦運動が高揚するなか、政府のしている戦争などの行為が民主主義の価値からみて疑わしい場合に、市民として何をすべきか、国家への不服従はどのような場合に、どのような理由で許されるのか、といった差し迫った問題に多くの人々が直面した。このような学問の実践的意味が問われるようになって、価値判断を排除し科学化した政治学が無力であるか、暗黙に政府の方針に迎合するかしていることが露呈した。イーストン自身もこうした反省に立つ「ポスト行動主義」を説くに至る。

政治学には、主に現代政治を分析するメインストリームの政治科学のほかに、アリストテレスやホッブズ、ルソーなど政治思想の歴史にもとづいて語る「古典的政治学」の系譜が存在してきた。かつては後者が中心だったのが、科学中心の時代になってから古典的政治学は教養の飾りもの程度にしか認識されなくなった。しかし、社会運動が盛り上がるようになって、政治学のこのようなあり方を原理的に考え直そうとする潮流が現れた。

アメリカの政治学者シェルドン・ウォーリン（一九二二—二〇一五）は、通史のかたちを借りた問題提起的著作『政治とヴィジョン』（ウォーリン 1960/2004→2007）のなかで、プラトンやホッブズに代表される古典的政治学の理論的想像力の大きさを評価し、このような「叙事詩的理論」の性格を持った偉大な著作が市民に政治のあり方を問いかけるのだと主張した。ウォーリンによれば、イーストンのような政治学の技術的な革新はパラダイム転換には値せず、政治学のパラダイム転換は市民の政治参加を巻き込んだかたちで、政治のあり方自体の変容を伴うものだとされる（ウォリン 1988）。こうしたウォーリンの主張の背景には、当時アメリカの大学で激しく展開された公民権運動などがあるとともに、ウォーリンが亡命知識人であるハンナ・アレントの「公的なものの復権」の主張に影響を受けたことも関係している。

ウォーリンらの呼びかけに、より若くニューレフト的な関心を持った研究者たちが応じて、活発な「政治理論」研究が行われるようになった。この文脈であらためて「政治理論」と称されるのは、通常の政治科学において仮説として用いられる理論のことではなく、ウォーリンの言う

「職業としての政治理論」、すなわち市民に向けて政治のヴィジョンを提示する、手段的価値以上のもの、政治哲学に近いものの再生を意味する。ウォーリン自身はこの提唱によって政治学全体の変革を志向していたのだが、政治科学の優位は容易に崩れるものではなかった。そのかわり、このような意味での「政治理論」は、政治学のなかのサブフィールドとしての地位をアカデミズムにおいて確立した。その後この領域には、次に述べるジョン・ロールズ以後の正義論やポストモダニズムなどが流入し、今日に至っている。

なお、こうしたアメリカ政治科学批判は、むしろどちらかといえば保守的な立場に属する理論家によってもなされていたことが注目に値する。英国の政治的伝統に依拠するアメリカの科学的政治学への批判は、バーナード・クリックらによって表明されてきたし、また「二つの自由論」で知られるアイザイア・バーリンも今なお政治理論が存在するのか否かを問うた（バーリン 1969→1971）。独自の哲学で知られるマイケル・オークショットは、国家全体が目的社会化する（とくに社会主義）二十世紀の政治のあり方を批判する政治哲学を展開していた。

アレント同様にドイツからの政治的亡命者であるレオ・シュトラウスもまた、シカゴ大学で長年にわたって古典的政治学を教え、アメリカにはこれまで乏しかったヨーロッパの古典テキストの緻密な読解を伝えた。シュトラウスの手法はテキストの陰に隠された（たとえば迫害を免れる目的でなされた）著作家の「秘教的」なメッセージを読み取ろうとするものであり、このような考え方には賛否両論があったが、アメリカの政治文化とは著しく異なる性格を有する学派を形成した。

こうしたヨーロッパ系の政治哲学的思考のなかで、アレントだけがある限定された意味でニューレフトの運動との肯定的な関係を有した。アレントは社会主義や共産主義の理念を「労働する動物の勝利」とみて厳しく退けながら、それらの左翼運動のなかに時として孕まれる「労働者評議会」的な契機を「政治的なもの」の価値ある出来事とみなした。「評議会」（ソヴィエト）は、ロシア革命の発端ないし原点でありながら、結局革命政権によって徹底弾圧されることになった。アレントの「政治的なもの」の原像は、古代ギリシアと並んで、この「評議会」的なものにも由来している。ニューレフト時代の「コミューン」的な実践は、その直接性においてかつての労働者評議会を想起させるものがあり、アレントはニューレフト運動のマルクス主義的なイデオロギーへの反感にもかかわらず、これに関心を持ち続けた。

アレントを除く多くのヨーロッパ由来の「政治的なもの」についての思考は、ニューレフトのラディカリズムとは相容れない保守的性格を含んでいた。しかし、その後のアメリカの「政治理論」研究のなかで、これらは確実にアメリカの知的風土に定着していくことになる。

ロールズと正義論

社会科学における規範理論の復権がこの時代以降顕著に行われるようになったのだが、その最大の理論的な契機となったのは、ジョン・ロールズ（一九二一―二〇〇二）の『正義論』（ロールズ1971→2010）だったということに異論は少ないだろう。ロールズの理論自体は、この時代よりずっと前から時代の流行とは関係なく周到に形成されてきたものであり、『正義論』として集成された著作がこの時期に出版されたのは偶然的だとも言える。またその内容は、自由で公平な社会の条件を正義の二原理に集約するものであって、ニューレフトの思想に比べればはるかに穏健な思想の表現だった。

この書物がこれほどインパクトを持つことになった理由のひとつは、当時の倫理学では人間の生きるべき倫理を直接説くというのではなく、そのような言説の言語や論理を検討する「メタ倫理学」が主流であり、また正義を直接論じるような政治哲学の試みが長く行われていなかった時代に、あえてそれを行ったことに見出される。ロールズ以後、規範的な倫理学や政治哲学は多くの研究者によって論じられるようになって今に至っていることからしても、ロールズがある意味での「パラダイム転換」を行ったと言えよう。

もちろん正義について直接語るといっても、古代のプラトンのように賢人が民衆に教えを垂れて導く、というようにいかないのは当然であり、ロールズは有名な「正義の二原理」の導出に慎重な手続きを取っている。ロールズは、理を備えた人間であるならどのような社会の原理を選ぶかを、社会契約的手法を用いたシミュレーションを行い、その「原初契約」の場で各人がもし自分の個別的な境遇を知っているなら公平なルールの選択が妨げられると考え、「無知のヴェール」という仮定が導入される。その結果、自由平等の第一原理と、不平等の許される場合についての第二原理（これは機会均等原理と格差原理からなる）が導かれるとする。

ロールズの正義原理は、哲学者の頭脳のなかで導かれた結論がそのまま現実に適用されるかのような印象を与えることもあり、このことからロールズの理論が非政治的で十分民主主義的ではないとする批判も存在する。しかし、ロールズは選択された原理を実際に当てはめて検証し、原理を再考する「反省的均衡」と名付けられるプロセスによって補われる必要も説いている。

ロールズの正義論についての詳しい説明は省略せざるをえないが、とくに論点となってきたのは「格差原理」をめぐる問題である。不平等は「もっとも恵まれない人にとって利益」となる限りで認められるとするこの原理は、しばしばアメリカ的な意味での「リベラル」の福祉社会を擁護するものと説明されてきた。しかし、福祉的な政策の規準としてこの原理が有効であるかどうか、またこれが正義原理のなかでは最下位に位置づけられ、その違反が他の原理への違反とは異なって市民的不服従の要件とはされないことなど、格差原理はさまざまに論争的であった。

『正義論』が登場し、以後政治哲学においてリベラリズムをめぐる議論が隆盛に向かうなか、皮肉なことにアメリカの現実政治のうえでのリベラリズムは退潮傾向に入りかけていた（Ⅳ部参照）。しかしロールズの正義論がアメリカのリベラリズムに哲学的基礎づけを与えようとしたことは重要である。これまでアメリカのリベラリズムは功利主義的に理解されることが多かったのに対し、『正義論』の含意のひとつは、社会全体の正義原理のレベルで功利主義が退けられている点である。ベンサムに由来する功利主義の「最大多数の最大幸福」の考え方は、社会の成員の功利が足し合わせられると考え、その最大化を立法の原理とする。しかしこれでは、多数者の利益のもとに少数者の利益が犠牲にされかねない。正義にとって重要なことは、誰も他人や全体の善のための手段とされることなく、公正が確保されることであり、そうであってはじめて社会の成員の協同が可能になる。正義が善から区別されるのもロールズの考え方の特徴である。ロールズの理論は、アメリカのリベラリズムにとっての「ミネルヴァのフクロウ」であったのかもしれない。

ノージックのユートピア論

ロールズに対する批判から、多くの政治哲学上の議論がアメリカで展開し、それは世界に広まっていった。そのなかの主たる立場は、一方ではロールズの権利重視の議論を引き継ぎつつ、ある意味ではそれを徹底して、政府による財の再分配にも反対する「リバタリアニズム」、他方はロールズの正義原理導出の過程での個人の抽象性（「負荷なき自己」）を批判して、個人をはじめから社会に埋め込まれたものと考える「コミュニテリアニズム」である。ロールズをいわば中間においたこれら両極の対立は、一九八〇年代にはアメリカの法理論、政治理論の中心に位置するようになるが、議論が定型化していささか単調な様相を示したように思われる。むしろ興味深いことは、ロールズ批判を介して登場した、リバタリアニズム、コミュニテリアニズムが、ともにそれぞれ異なるかたちで、ニューレフトの時代の思想潮流を吸収しつつ変容させていった点である。コミュニテリアニズムへの継承については次章で扱うことにして、ここではリバタリアニズムを代表するロバート・ノージック（一九三八—二〇〇二）の思想的立場について触れておきたい。

ロールズと同じくハーヴァードの哲学者であったロバート・ノージックの、著名な『アナーキー・国家・ユートピア』（ノージック 1974→1992）は、通常「最小国家」の擁護論として読まれている。ノージックもまたロールズ同様、社会形成のシミュレーションを行うが、ロールズと異なって理念上の社会契約を行うのではなく、強制なしに個人の自発的意思でどこまで政府が正当化されるかを問うものである。安全を求める諸個人は自発的に「保護協会」（いわばガードマン会社のようなもの）と契約し、一定の支払いを代償として安全を購入する。このような保護協会が大きくなり、ある一定地域を覆ったものが「最小国家」となる。そしてノージックはこの最小国家の範囲を超えた国家権力の拡大は認められないとする。

ノージックの理論では、個人の権利は強力であり、政府によるものであっても所有権への侵害は退けられる。このような立場は、古典的自由主義に近く、ロールズとは対照的に、ニューディール以後の政府介入を広く認めるリベラルへの強い批判となっている。この点では彼の思想は政治的に右派と位置付けられるのが一般的である。しかし、ライフスタイルの自由への権利も徹底して認められることから、新保守主義（次章参照）になじむものではなく、むしろこの点ではニューレフトの思想に結びつくものである。それはとくに『アナーキー・国家・ユートピア』の第三部で展開される「メタ・ユートピア」論に顕著に表現される。

「メタ・ユートピア」論とは、個別のユートピアの構想とは異なり、複数のユートピアが共存することができる枠組みについての議論である。ノージックは、ユートピアの理念を他者に強制しようとする「帝国主義的ユートピア」を批判し、他者が異なるユートピアを生きることを心から肯定する「実存的ユートピア」を推奨する（両者の中間に「伝道的ユートピア」がある）。ここには自由や解放を目指したニューレフト運動のユートピアが陥った強制、暴力、息苦しさへの反省が込められている。同時にノージックがユートピアの多様な実践を推奨しているのはニューレフトを継承するものと言えよう。そしてノージックは、この「ユートピアの枠」は最小国家に一致すると説明している。

第三世界論

ニューレフトの影響を受けた一九七〇年代以後の社会科学は、広い範囲で既存の社会科学の前提を問い直していった。それはたとえば従属論に代表されるような国際経済体制の批判から、フェミニズムやエコロジーのような新しい問題領域への展開などを含んでいる。このような応用領域について、概観するだけでも私の能力や紙幅を超えるので、それぞれの領域での文献の参照を請うことにして、割愛せざるを得ない。

ただし、これら「従属論」「フェミニズム理論」「エコロジーの理論」など、この時代を代表する理論展開に共通する特徴について考えておきたい。これらはそれぞれ問題意識も異なるし、主張が衝突することもあるが、これまでの先進諸国の産業化の体制を批判し、それが依存しかつ搾取している「外部」の問題を明るみに出し、排除されていた外部を含めたものとして社会科学の領域を拡大した、という点に特徴を見出すことができよう。

たとえばアンドレ・G・フランクらの「従属論」(フランク1972→1978)は、ラテンアメリカをフィールドとして、従来の経済発展についての近代化論的な見方を覆し、一種のパラダイム転換を迫った。貧しい南の諸国は、経済開発が「遅れている」のではない。むしろこれまで資源などの面で開発に有望として欧米諸国によって開発されてきた地域こそが、貧困に悩んでいる。開発が遅れているのではなく、「低開発」として開発された結果である。フランクらは、開発の啓蒙主義を批判し、先進諸国で作り上げられた経済理論の適用を否定する。開発は先進諸国への第三世界の従属を帰結するのであり、中心(先進諸国)と周辺(第三世界)の関係で資本主義の全体を把握しようとした。こうした中心と周辺の枠組みは、後のウォーラーステインらの世界経済システム理論にも発展的に継承され、それ以後のグローバル・ヒストリーの考え方につながっていく。

フェミニズム

フェミニズムにはニューレフトの時代に先立って、これまでいくつかの異なる主張の流派があった。個人主義的で自由主義的な男女同権論は、女性参政権の主張につながり、また男女の性差を強調する立場は、母性の保護などの主張を通して、福祉政策のなかに組み入れられるなどの達成があった。

ニューレフトの運動には多くの女性が参加した。そのなかで既存のフェミニズムに満足しない女性たちがウーマンリヴ運動を起こし、その成果はケイト・ミレットの『性の政治学』などに代表されるラディカル・フェミニズムに理論化された。それはこれまで自由主義的または社会主義的な運動のなかに位置づけられていた女性運動を、それらの制約から解放し、既存のマルクス主義などの思想や理論を男性中心主義として批判する点に特徴があった。上野千鶴子（上野 1990）は、このような達成を受け止めたうえで、資本制の批判（マルクス主義）と家父長制の批判（フェミニズム）とを「弁証法的」に統合して「マルクス主義的フェミニズム」を主唱した。すなわち、マルクス主義には労働力の再生産を行う家における男性中心主義を批判する理論が存在せず（生殖は男性労働者の本能として「自然」化される）、一方、家の男性中心主義を批判するラディカル・フェミニズムには、家の物質的基盤を問題にする視角が欠けていることが問題だからである。

このように、フェミニズムの主張は、運動のみならず、従来の社会科学の射程が男性中心的な前提によって限界づけられていたことを根本的に批判し、社会科学に新しい領野を開くことを可能にした。政治思想領域におけるフェミニズムの浸透は、社会学よりもかなり遅れたが、「個人的なものは政治的」のスローガンに見られるように、従来の政治思想における公と私とのあいだの線引きの恣意性を問題とした。そしてかつて私的とされていた領域にも浸透し、また公と私とを区別する作用としても働く権力を新たに把握しようとする学問的可能性を開くことにつながった（生権力論など）。

経済学とエコロジー

「第三世界」「家族」に加え、産業社会を支えながら通常は社会科学から不可視化され抑圧されていたもうひとつの領域は「自然」である。一九六〇－七〇年代にはまず先進諸国で工業化がもたらす住環境や健康の悪化が「公害」として問題とされ、続いて第三世界を含め地球規模での環境破壊が問題として意識されるようになる。七〇年代はおそらく人類史上初めて自然環境要因による人間の生存の危機が言われる時代となり、「宇宙船地球号」のような運命共同体のイメージが広く浸透するようになった。

こうした危機に反応した自然科学者も数多い。トゥレーヌのところで述べたように、ニューレフトの運動の特徴のひとつは自然科学を専攻する学生のなかから異議申し立てが行われたことであり、理科系の諸学はもはや政治とは無関係でなくなったことが重要である。物理学と核（核兵器に加え原子力発電）の問題、化学や医学と環境汚染物質の問題、生物学とくに生態学とエコロジーの問題というように、自然科学の広い分野にわたって現代社会の危機的な問題が意識されるようになった。また近代における自然科学の発展を文明史的に再検討し、オールタナティヴな科学の可能性を考える科学史・科学哲学の分野にも知的刷新が起こった。

残念ながら私の能力の限界で、これらを論じることは出来ないが、社会科学や人文学にとっても、これ以後自然科学のあり方に無関心でいられなくなったことは重要である。この視点からすれば、これまで階級闘争を基軸に歴史や社会を論じて来た正統派マルクス主義や、科学技術の進歩とそれにもとづく経済発展を肯定してきた近代化論など、政治的な左右対立の双方に共有されてきた視野の狭さが問題にならざるを得なくなった。

そのなかでハンガリー出身の思想家カール・ポランニー（一八八六―一九六四）が残した独創的な経済思想が、遺稿の出版により死後注目されるようになった。日本では、（宇野弘蔵に由来する日本独自のマルクス経済学派である）宇野派の出自の玉野井芳郎（一九一八―八五）が、ポランニーの学説を、資本主義の特異性を文明史のなかで発見するという宇野派経済学に通じる主題を、宇野派とは異なるアプローチで展開したユニークな研究であるとして注目し紹介した。玉野井は、ポランニーの経済学の特徴を以下の点に見出している（ポランニー1975）。

まず文化人類学の伝統的社会の研究を経済学に取り入れたことにより、ヨーロッパ中心の普遍的な進歩史観を相対化し、ヨーロッパの経済発展とりわけ市場経済の文明史における特殊性を際立たせたこと、そして経済学の対象を主流派経済学のように市場経済に限定することなく、むしろ市場システムからはみ出た外部を問題にすることで経済学の対象を広げた点である。

ポランニーは通常、反市場の思想家と見られやすいが、彼にとって重要なのは、市場か反市場かというよりも「社会に埋め込まれた市場」と「自己調整的市場」の対比である。市場は本来、「社会」に埋め込まれて機能するが、経済学における「自己調整的市場」の幻想はこうした市場の社会的制約を取り払い、実際に本来商品ではなかった土地と労働と貨幣を商品とすることによって社会を収奪し、その結果市場自体を危機に至らせた。ポランニーの『大転換』(1944)はこうした市場社会の崩壊の帰結を、二十世紀のファシズムや共産主義の運動に見出している。

「外部」のゆくえとニューレフトの可能性

以上見てきたように、一九七〇年代の従属論、フェミニズム、エコロジーなどの思想に共通する面があるとすれば、それはこの産業社会が外部を有し、その外部に支えられてなんとか存続してきたのであり、外部を不可視のものとして従属させてきた従来の社会科学の知は人類の文明が危機に瀕していることに責任があるという認識であろう。このような認識にもとづくパラダイム転換は重要であり、今に至るまで説得力を有している。

ただし、外部の立場にたつことが現代文明への積極的なオールタナティヴとなるかといえば、話は単純ではない。外部に排除され抑圧された者同士が容易に連帯できるかといえば、そうではないことがその後明らかになっていった。たとえばフェミニズムとエコロジーとを結びつけようとするエコフェミニズムと呼ばれる立場も存在するが、女性を自然に近いものとみる考え自体が、男性中心主義的な、作為と自然の分割によって生まれたものだとして距離を置く立場もある。第三世界の解放運動のなかにしばしば存在する男性中心主義を批判するフェミニズムの立場もある一方、逆に非西欧側からは先進国のフェミニズムの多くが白人女性の主張にすぎないとする批判も多くなされてきた。

その後非西欧世界にも経済成長が拡がり、豊かになった地域と変わらずに貧しい地域の格差が大きくなるにつれ、第三世界というまとまりが定かでなくなり、その連帯は困難になっていった。グローバル資本主義は空間的に拡大するとともに、生活世界のなかに深く入り込み、その外部がなお存在するのかさえ疑問となってくる。同時に、男性中心主義に抗議する女性というアイデンティティも、その内部の差異やトランスジェンダーなどにより、維持することがむずかしくなり、より多くの性へと分割されていく。エコロジーの思想では、人間の手が付けられていない「自然」がなお存在するのかが問われ、自然概念が動揺する。このように、産業社会に対抗する主体を立ち上げようとすれば、その主体のアイデンティティへの疑いが深まるということが繰り返された。ここに、後のポストモダニズムが提起する、本質主義の批判という問題が重ねられる。それは対抗運動の点からは困難な問題であったが、このような困難な経験は左翼の成熟を示すものだともいえる。それは最近の排外主義ポピュリズムが、容易に「人民」を立ち上げるのとは対照的である。

以上見てきたように、ニューレフトの時代の思想が問いかけたものはきわめて広汎にわたっているとともに、その知的運動自体が多様で流動的だった。ソ連型社会主義への不満は、当初レーニンやトロツキーの原点へ戻れとする主張に向かったが、後にはレーニンとボルシェヴィズムも疑われるようになった。マルクス主義の影響力は依然強かったが、それはマルクスその人の思想への回帰となって既存のマルクス主義への厳しい批判へと向かった。思想の政治化が進む一方で、政治そのものを拒否する個人主義も強かった。そのほかヒューマニズム（人間主義）への支持とともにそこからの離反があり、また非日常的な冒険への志向と裏腹に日常性への回帰および問い直しがあるといった横断を含んでいた。さらに若者中心の運動でありながら、業績本位的価値や生産中心主義の拒否など、来るべき成熟社会を見通すような問題提起を含んでいた。

Ⅳ部で見るように、ニューレフトの運動は比較的短期間で終わり、新保守主義・新自由主義がそれに取って代わる。そのなかにもニューレフトの時代からの連続を含んだ転回を認めることができる。しかし、時代は閉塞感を深め、今の時代がニューレフトに負っているものを見出すのが困難になっている。われわれは、ニューレフトの時代が生み出した可能性を、まだ十分に収穫していない。

Ⅳ部

新保守主義的・新自由主義的転回

第八章　新保守主義の諸相

「草の根」の保守主義

本書のこれまでの叙述では、保守主義的思想についてはまとまったかたちで触れずに来た。このような叙述は、リベラルや左派に偏ったものとみられるかもしれない。逆に言うと、現在ではそれほど保守的な思想傾向が地歩を固め、物事を考えるうえでの基本となっているとも言える。一九六〇―七〇年代の思想傾向が、ラディカルな性格を有する左派によって主導されていたことを考えると、この急激な転回がいかなる理由で引き起こされたかを問う必要がある。そしてこのような保守化はある意味ではもちろん六〇―七〇年代のニューレフトと正反対なのではあるが、同時にこのような左派の急進主義を前提にしなければ出て来ないような性格をその後の保守主義は持っていたという意味で、両者は依存的な関係にもあったのである。

保守主義は通常、進歩主義と対になる思考様式であり、進歩主義は近代(とくに十八世紀以降)になってはじめて本格的に展開したことを考えるならば、それを批判する保守主義も近代の生まれであることを理解するのに困難はない。通常、十八世紀の終わりにフランス革命を徹底的に批判した英国のエドマンド・バーク(一七二九―九七)が、保守主義の創始者であると考えられている。バークはもとはウィッグ(自由党の前身)であったことからもわかるように、社会の改革それ自体に反対したわけではなく、フランス革命にみられるような、抽象的な原理に基づく、過去と断絶した急進的改革には反対し、現在と過去との歴史的連続性を重視した。そういう意味ではバーク流の保守主義は反近代的というわけでもなく、漸進的に近代を作り上げていこうとする立場だと言えよう。

バーク流の保守主義には、イデオロギーを嫌う面と、それ自体がイデオロギー的である面とが同居している。それはフランス革命の左翼イデオロギーを嫌い、経験や慣習にもとづく政治を重視した。しかし革命を非難するなかで英国の君主制を擁護し、伝統のコスモロジー(世界観的な秩序)に依拠したゆえに右派的なイデオロギーとしての側面もあった。たしかにそれは過去へ回帰しようとする反動ないし急進的右派とは区別されるべき立場であるが、十九―二十世紀を通して、経済発展や科学技術などの面で進歩主義が優越し、また他方では革命的社会主義が勢力を有していたため、保守主義はこれらに抗する思想として、右派的な位置が割り当てられていたと言える。二十世紀に出現したファシズム、ナチズムなどの急進右翼は明らかに保守主義とは異なるものだったが、反共という点で共通に括られることも多く、こうした点では保守主義はイデオロギー的性格を強めたと言えよう。

また第二次世界大戦後の冷戦下にあっても保守主義は反共として右派イデオロギーに傾くとともに、リベラルや社会主義などの進歩主義の優勢のもとでマイナーな存在だった。そんななかでハイエクやマイケル・オークショット、レイモン・アロンといった独創性のある保守的思想家が現れ、進歩主義の時代が終焉に向かうとともに再評価されることになる。

ニューレフトの時代が「冷戦の終わりの始まり」だったとすれば、冷戦が終わることによって保守主義が有した冷戦イデオロギー的な面が相対化され、保守主義の新たな意味づけが登場する。もっとも、反共的な内容を受け継ぎその批判対象を社会民主主義やリベラルへと拡大した、新自由主義と結びつく保守主義のイデオロギーが一方にあった。新自由主義については次節で触れることにしたい。

他方で左派の文化革命的性格への対抗としての文化的保守主義が、とくにアメリカを中心に一九六〇―七〇年代以降しだいに影響力を強めていく。それは反フェミニズム、家族やコミュニティの復権、宗教の擁護、政治における道徳主義、中絶の批判、多文化状況への嫌悪など広汎な領域に及んでいた。これらの動きは、従来の保守主義が有するエリート主義的性格とは対照的に、草の根的な下からの盛り上がりを示す点で特徴があった。多くの人々が六〇年代の文化的混乱に疲れ、マジョリティ層の多くが人種や性におけるマイノリティの急進主義を恐れるようになった。宗教は保守化し、こうした不安を持つ人々の要請にこたえた。

一九七〇年代に顕著となった、急進化した新左翼の諸セクトによるテロ事件の多発がもたらした恐怖と怒りの感情は、テロを想定した政府の危機管理を促し、またそれを正当化することで世論の保守化の一因ともなった。今日では、原理主義などと呼ばれることもある宗教右派がテロ勢力として挙げられることが多いが、七〇年代にはテロといえば極左グループによるものが普通だった。このように主体は変わっても、悲惨な暴力的事件を契機として危機管理やセキュリティへの関心が高まり、社会がますます息苦しくなっていく過程の、直接の始まりはこの時代にあったということができよう。

政治において、こうした「サイレント・マジョリティ」の支持を背景とする新しい保守主義勢力が台頭した。この保守主義はたとえばアメリカにおける勤労の精神の喪失を批判し、福祉受給者と官僚層のいわば共犯関係を非難するようになるなど、アメリカを支配するリベラルなエリートへの反抗を掲げる点で特徴的である。

ロナルド・レーガンの「保守革命」は、民主党のリベラルから政権を奪ったというだけでなく、民主党に勝利するまえに共和党内部での「革命」を成し遂げた点に特徴があった。それはかつて東部のエスタブリッシュメント中心の党であった共和党が、中西部の草の根の保守主義に支えられる党へ変貌したことでもあった。民主党においても、たとえばジミー・カーター大統領を支持した勢力などは、同じような宗教保守主義に支えられていた。

知識人の保守化

一方、このような草の根の保守主義の登場とは関係しながらも性格を異にする、知識人の保守主義化の動きも顕在化してきた。アメリカの知識人による「新保守主義（neoconservatism）」は、旧来の共和党の保守主義からではなく、もとはリベラルないし左派でありながらそれに深く幻滅するようになった民主党系の知識人たちから生じたことはよく知られている。

ユダヤ人を多く含むニューヨークの知識人たちは、ニューディール的リベラルを長く支持してきたのだが、リベラルの社会改良に成果が見られず、官僚制の肥大化が目立つようになって、彼らは次第にリベラルへの期待を失うようになる。たとえば民主党ジョンソン政権の「貧困との闘い」「偉大な社会」の政策に関与していたパトリック・モイニハンは、こうしたエリートによる社会工学的手法が、対象とされる貧者たちの「貧困の文化」に阻まれ、貧困からの脱出を困難にし、より事態を悪化させていることを主張し論議を呼んだ。同様にリベラルに幻滅した、ノーマン・ポドレツ、アーヴィング・クリストル、ライオネル・トリリング、ダニエル・ベルといった知識人たちが新保守主義の陣営を形成するようになる。

ユダヤ系の著名な社会学者ダニエル・ベル（一九一九―二〇一一）は、かつて『イデオロギーの終焉』（ベル 1960→1969）や未来学的志向を持つ『脱工業社会の到来』（ベル 1974→1975）で知られていたが、『資本主義の文化的矛盾』（ベル 1976→1977）で保守的思想への転回を明らかにした。ベルはこの著作で、近代社会が経済と文化のあいだで深い分裂と矛盾に囚われていることを主張する。資本主義はその発展とともに、資本主義を否定し反逆を肯定する、アヴァンギャルド的文化運動（モダニズム）を生み出してきた。資本主義的な近代はモダニズムと相容れない。ここには当時のニューレフトの運動に対するベルの敵意が込められている。文明を維持していくのに必要な勤勉のエートスなどは、ニューレフトによって軽蔑されてしまった。資本主義は自らが作り出してきた文化によって掘り崩されるという考え方は、これも内容は異なるが、ウェーバーの「資本主義の精神」論（近代精神が作り出した官僚制が元の精神を消滅させるという）のバリエーションのひとつと言えるだろう。

ベルはこの書物で、政治、経済、文化、国際関係など多くの領域について語っているが、なかでも興味深いのは、最後の部分で論じられている「公共の家政（public household）」という概念である。これは直接には財政面での公正な配分原理を指すが、その眼目は「家族」「市場経済」と並んで、公共の、とくに財政をあつかう哲学が必要だという主張である。市場経済だけでは時代の課題に適応できず、経済と政治を統合するこのような公共の学が、新しい知の領域として論じられている。この概念は見かけほど共同体論（コミュニテリアニズム）的だというわけではなく、このような公正の原理を提示した数少ない先例として、ロールズの正義論が肯定的に引かれているように、自由主義を超える議論にはなっていない。

ベルは「経済では社会主義、政治では自由主義、文化では保守主義」を支持すると語った。ベルは現代社会を単一の原理ではなく、内部に矛盾を含む複雑な体系として把握した。経済についての彼の見方は穏健な社会民主主義に近いものであり、新自由主義に傾くタイプとは対照的で、ベルの保守主義はニューレフトに対抗して文化面に現れているのが特徴である。

この時期の知識人の「新保守主義」は、政治の万能視を排し、政治に慎重な態度を求めるものであった。このグループの一世代後に、ジョージ・ブッシュ政権のブレインとなってアメリカ流の民主主義を独断的に世界に押し付けようとした「ネオコン」と短縮形で呼ばれるグループは、ここでの「新保守主義」と人脈的なつながりは見られるが、その思想内容はきわめて異なるものになっていった。

文化面においてニューレフトから新保守主義へ転回したケースも存在する。現象学的手法で、日常世界の構成から宗教的宇宙論（コスモロジー）までを語り、生きる意味を問うてニューレフトの若者たちの人気を博したピーター・バーガー（バーガー1967→1979）は、その後保守主義の立場を明らかにする。こうしたニューレフトの意味論には個人主義や近代文明への批判が込められていたのであり、ユートピア的・解放的契機が薄れ日常化していくと、ある種の保守的志向と親和的になる傾向がある。

ニューレフトの時代にキリスト教思想を基盤としながら左翼運動にもかかわった、アラスデア・マッキンタイアやチャールズ・テイラーは、運動の退潮後は人間の共同存在的なあり方を哲学的に究明し基礎づける存在論的な仕事に向かい、復活した社会哲学領域の巨匠となっていく（マッキンタイア 1981→1993、テイラー 1989→2010）。また先のロールズ『正義論』をめぐる初期の議論のなかで、ロールズの原初状態の仮定を「負荷なき自己」だとして批判し、社会が個人に先行することを説いたマイケル・サンデルの主張（サンデル 1982→1992）をもとに、コミュニテリアニズム（共同体論）と呼ばれる社会哲学の立場が登場する。

コミュニテリアン的考え方には、その共同性の内容があまり規定されないこともあって、左派から右派までさまざまな思想的立場が含まれる。一九八〇年代以降新自由主義が政治のイニシアティヴを執ったこともあり、それと対極的なコミュニテリアニズムには左派の期待が集められることもある。これとは反対のリバタリアン的立場は、通常は右派とみなされるが、先にみたノージックのように、ニューレフトのある面が継承されているケースがある。ニューレフトの時代に試みられたさまざまな可能性が八〇年代のアメリカの社会哲学では整理されて「リバタリアン」と「コミュニテリアン」という両極に寄せ集められていくことになった。

戦後日本の右翼の系譜を本書で語る余裕はない。戦前戦中を通した尊皇の思想などは戦後改革で大きな打撃を受けた。しかしその一方で、福田恆存《つねあり》などは、戦前の日本浪漫《ろうまん》派などの伝統を受け継ぎつつ独創性を持った思考を展開してきた。また戦後の価値を疑いその欠点を問題にすることで、江藤淳らは論壇に大きな影響力を持った。しかし一九七〇年代以降に登場したのは、それまでとは一線を画する「大国化」を背景とするナショナリズムだった。それを象徴するのは、かつて安保闘争のオピニオンリーダーとして活躍した清水幾太郎《いくたろう》の「転向」である。清水はさらに日本の核保有を主張する「核の選択」を説いた。その後、西部邁《すすむ》や山崎正和らさまざまな立場の保守論客が登場し、左翼の退潮とともに保守が論壇の主役となって主客が交代する。戦後の文脈では保守的知識人の自己認識として、大学や論壇を左翼系が独占していることへの抗議があったが、この時代になると逆転が始まることになる。

保守主義の別の意味：ポスト産業社会との関連で

以上のような保守主義の用法は、多くが政治的な右派の立場と関連している。しかし今日、保守主義の語は政治的意味を超えて用いられており、そのことが保守主義の概念の拡張と混乱をもたらしている。

一九七〇年頃を分水嶺として、先進諸国の資本主義は発展から成熟への転回を経るようになった。それまでの政治においては、リベラルも社会民主主義も、また共産主義も、さらに保守主義でさえ、経済の拡大を前提とする進歩主義のもとに議論を立てて来た。たとえばケインズ主義経済学に依拠するアメリカのリベラルや、ヨーロッパの社会民主主義は、戦後を代表する政治勢力だったが、これもまた政府の介入による需要増大や労働者の富裕化を通して経済を支える点で、経済成長を不可欠のモメントとしていた。政権が支持されるには、経済成長の恩恵としての所得の拡大が必要だった。リベラルや社会民主主義が根付かなかった戦後日本では、自民党の保守政治がこれらをある程度代替しながら、より直接に開発主義を推進していった。

ところが一九六〇年代になると、政府に対する国民の要求が政府の能力を上回るようになる。さらに七〇年代に至って景気後退が明らかになって税収も行き詰まり、ここに「民主主義の過剰負担（overburden）」が言われ、「民主主義の統治能力」が問題にされるようになった（ハンチントン、クロジエ、綿貫 1975→1976）。ここからはサミュエル・ハンティントンのように、「権威の復権」が必要だとし権利要求を制限しようとする正真正銘の保守主義の立場や、政府機能を縮小（小さな政府）し市場に委ねることこそが解決だとする新自由主義と結びつく保守主義などが出てくる。また、これらの右派的な立場とは別に、政治的には左派に色分けされる側でも、経済成長に依存せず、エコロジーや多文化共存を取り込んだ新しい社会民主主義などの考え方が模索されるようになる。これらは、左派政党がこれまでのような労働組合一辺倒ではなく、環境運動、原発反対運動、その他各種の住民運動などの社会運動と共働するようになったことから生じた変化だということもできる。これらの変化は、かつての生産者中心の視点から、消費者あるいは生活者の視点への政治の転換と把握されることもある。

政治的には左派に分類されることの多いこのような運動は、同時にある意味では「保守的」な性格を有することが多い点に特徴がある。過剰な開発が人間にも人間以外の生物や自然環境にも悪い影響を及ぼすことに反対する運動が一九七〇年代以降盛んに行われるようになるが、これらの運動はその性格からして、conservative（保存的）である。その重心は、かつての生産をめぐる階級闘争から人間と自然という問題へと移されるようになった。

資本主義と共産主義の体制の如何を問わず、これまで人間による自然の搾取は肯定され続けてきた。このとき自然というのは、人間にとっての外的自然だけでなく、人間の内的自然を含む。自然支配は同時に人間の内部への抑圧を亢進する、という主題は、早くには第二次世界大戦期のフランクフルト学派（ホルクハイマーとアドルノ）によって鋭く取り上げられ、ニューレフトの時代にはその流れを引くマルクーゼや、またエコロジーに転回したフランスのアンドレ・ゴルツらの主張のなかにも出現した。オールタナティヴな文明を求める急進性と、自然と共生することが可能な人間の共同性を保存しようとする意味での保守性との結びつきである。このような意味での保守性と、政治的に右派であるという意味での保守性とは、別のものであって区別しておかなければならない。

それは人間と自然の関係だけでなく、ハーバーマスのように「システム」と「生活世界」とを区分する発想のなかにも表れている。「システム」が貨幣や権力をメディアとする領域であるのに対して、「生活世界」は言語や意味、コミュニケーションによって構成される領域とされる。ハーバーマスは複雑に分化した現代社会において「システム」を否定することはできないとしつつ、システムによる生活世界の「植民地化」を問題とする。現代の主要な政治問題はシステムと生活世界との境界線において生じており、生活世界をシステムによる浸透から守り、生きる意味を考え直すことが政治の新しい課題となる（ハーバーマス 1981→1985-87、下巻参照）。

資本主義システムのグローバルな展開によって「植民地化」されるのは、自然だけでなく、近隣（コミュニティ）など人間相互の共同社会もまた含まれる。これらを保存しようとする運動は、保守的なのだろうか。もしそうだとすれば、どのような意味で保守的なのかが問われなければならないだろう。

たとえばコミュニティへ流入する外国人難民や移民を嫌い、本来あったと主張されるコミュニティを取り戻そうとする運動は、保守性のなかのある立場を表現している（よく知られているように、今日の排外的ポピュリズム勢力）。しかし、他方で外国人の労働者たちがコミュニティに定着し、持続的な関係が生まれていて、このような外国の人たちの貢献なしではコミュニティが成り立たなくなっているケースもある。この場合では、多文化共生を促進することがコミュニティの保守と存続にとって大切だということになる。保守すべきものは何かが問題なのであり、たんに保守的ということで政治的立場が決まるわけではない。

整理してみよう。十九—二十世紀の進歩主義には大別すると資本主義的・自由主義的なタイプと、共産主義的なタイプとが存在した。ファシズム的なタイプをこれに加えることもできる。ファシズム的タイプは、過去へ回帰する神話的イデオロギーを用いながら、科学や技術においては近代化を先鋭化させ（「反動的モダニズム」）、また経済運営では、しばしば敵である共産主義から借用した計画経済を導入するなどした。ファシズム体制が敗北した第二次世界大戦後も、資本主義体制と共産主義体制とは、イデオロギーを異にしながら、科学・軍事技術の領域では、進歩主義を共有した熾烈《しれつ》な競争を演じた（たとえば宇宙開発の領域）。

しかし一九七〇年代以後、先進諸国にあってはこれまでのような経済の拡大と発展を前提して今後の社会を構想することが出来なくなった。新興国では経済発展がいまも続いているが、経済発展に著しい成功を収めた中国でさえ、最近では経済成長は鈍化し、近い将来には成熟社会への道をたどるであろう徴候がすでに見られる。経済成長が無限に続くということはありえず、これからはあらゆる政治的立場が、成熟社会化、成長の限界という制約を負うことになるだろう。このような逃れられない背景的制約を考えに入れるならば、その意味では一九七〇年代以降の「保守化」はある意味で必然であり、望ましい未来への構えということができよう。しかし、それは政治における右派の優越とははっきり区別されるべきものである。

たしかに現在、一方では科学技術（ＩＴ、ＡＩ、バイオ）の進化によって人間の与件（たとえば人間性）を作り替え、ポストヒューマンな世界への文明の突破を狙う一群の知識人が台頭している。しかし、こうした方向は、何が望ましい未来かを思考する時間を与えず、ただ資本主義的競争の推進力によってそれを実現しようとする点で、ニューレフトの時代に批判された技術至上主義を繰り返すものでしかない。普遍的人権や民主主義といった近代の規範は、十八世紀にエドマンド・バークによって文明や伝統を根本から否定するものとして非難されたが、今ではそれらは長年の文明の蓄積のなかに位置付けられている。そして現在の技術至上主義的な「進歩主義」から人権や民主主義は保守されるに値するのである。

第九章
新自由主義と統治性の問題

新自由主義の四つの問題

保守化と並ぶ転回のもうひとつの方向は、新自由主義と呼ばれる市場中心主義である。新保守主義と新自由主義とは、一九八〇年代に本格化するサッチャーやレーガンの政権に見られるように同一の政治勢力によって担われることが多く、両者は相互に依存している。前者が文化や政治について言われるのに対して、後者は経済政策面として、分業しているとも言える。しかし、容易に理解できるように、新自由主義によるグローバルな資本主義の展開が、保守主義が必要とするコミュニティ、家族、宗教といった領域を侵食することは普通にみられるのであり、両者のあいだには矛盾していることも多い。

新自由主義についてはこれまで非常に多くの言及がなされてきた。たいていの左派と一部の保守主義者は新自由主義に批判的であり、現代の悪の根源として、しばしば「ネオリベ」の名で揶揄的に語られてきた。一方、新自由主義を支持する側からは、新自由主義という言葉で語られることは少ない。たとえばアメリカでは、アカデミズムでは批判的立場を中心に新自由主義の語が用いられているが、一般的には市場中心主義はたんに保守主義と呼ばれることが多い。アメリカで「リベラル」は通常、自由主義一般ではなく、進歩主義、改良主義の立場の自由主義（長らく民主党が担ってきた）を指すゆえに、それとは対極のものを新自由主義（ネオリベラル）と呼ぶと混乱が生じる可能性がある。以下、重複を避けるために、新自由主義の概念を四つの急所に絞って簡潔に取り上げたい。

①権力と自由の関係の作り替え

まず、国家と個人（および個人によって構成される市場などの「社会」）の関係についてである。新自由主義のいわば「公式」の言説においては、国家ないし政府は悪かせいぜい必要悪であり、できるだけ縮小するべきだとされるのに対して、個人の自発的協同で成り立つとされる社会は善であり望ましいものとされる。ある意味でこれはトマス・ペインの有名な定式（社会は善、政府はせいぜい必要悪）を思い出させるように、古典的な自由主義の定式に近い。

新自由主義の影響を受ける前の一般的な自由主義の理解によれば、自由放任を原則とする古典的自由主義は、階級対立や社会問題の発生とともに、政府の介入を許す改良的な自由主義に道を譲った、とされていた。そのような介入主義を進歩とみる理解からすれば、当時新自由主義は時計の針を逆に戻す奇妙なアナクロニズムに思われた（現在ではそのような受け止め方はない）。かつ、介入によって修正が加えられてはいても、国家から個人の自由を擁護することは自由主義の根幹としてあり、とくに戦後日本の社会思想にあっては戦前戦中の経験からこの点が重視されていたので、国家に対して個人の自由を擁護する思想が右派から主張されることに当惑を禁じ得ないのが実状だった。実は自由主義がこのような転換をする間に、自由、権力といった政治の基礎的な観念のレヴェルで大きな変容がもたらされていたのだった。

自由と権力とは、昔も今も常識的な言葉の用い方では、相反する二極である。権力は自由を抑圧する。権力が大きくなれば自由は減少し、逆に権力が制限されればそれだけ自由が増大する。このような見方はもちろん現在でも当たっているケースは存在する。それに対して、新自由主義が導入されたとき、自由と権力のあいだの奇妙な依存関係が創造された。日本の場合について具体的に言うならば、戦後の政治的・社会的対立を構成してきたものとして、たとえば文部省（現在の文部科学省）vs.日教組、とか、国鉄（現在のＪＲの前身に当たる公共企業体）vs.国鉄労働組合（国労、動労）などが存在した。これらの対立は戦後の構図を反映してイデオロギー的な面を有し、対立は泥沼化して解決の見えない行き詰まり感を呈していた。

一九八〇年代の中曽根康弘内閣の頃から、政府の新自由主義的な介入は、これらの対立のいずれか一方に味方して他方を批判するというのではなく、この対立そのものを流し去ってしまおうとするかたちで行われるようになった。たとえばこの時代に学校教育の問題が深刻化し、教師の生徒への（体罰という名の）暴力や生徒間のいじめが多発していた。これらの問題に対して教育をめぐる従来の対立の両者（文部省と日教組の）いずれもが有効な手を打てず、またその意欲もなかった。このような事態に直面して、「教育の自由化論」が登場する。子どもやその親の立場から見れば、自分たちの権利や自由を奪っている点では、文部省も日教組も同罪である。無意味な規律の束に満ちた閉鎖的な空間となっていた学校そのものを改革し、教育における選択の自由を増やすことが重要であるとする。

このような教育の自由化論が受け入れられるようになったのは、もちろん相応の理由があってのことである。ただし、ここから学校や教育の問題をもっぱら消費者主義や経済的合理性にもとづいて改変することのあいだには相当の飛躍がある。新自由主義的なガヴァナンスの手法で、外部（たとえば企業）から招いた校長に大きな権限を与えて学校を改革させようとする試みなどは、弊害も多く成功しているとは言えないようである。大きな方向としては新自由主義側がイニシアティヴを取って進められてきた学校の改革は、いまだ解決を見出していない。

②ハイエクは新自由主義者?:新自由主義的改革と「自生的秩序」のあいだ

つぎに、いわゆる新自由主義を支える思想や理論は一義的ではなく、内部に対立の可能性がある点を取り上げたい。なかでも重要なのは、フリードリヒ・ハイエク(一八九九―一九九二)の思想である。ハイエクはオーストリア出身の経済学者で、ナチス時代に亡命生活を送り、英国で出版された『隷従への道』(ハイエク1944→1979)がベストセラーとなった。この書物でハイエクは、共産主義とファシズムとを、ともに政治権力が生産に関する知識を独占する集産主義(collectivism)であるとし、これを自由と両立しないとして批判した。重要なことは、ハイエクの批判はファシズムやスターリン支配の全体主義だけでなく、戦後の西側の福祉国家体制にも向けられていた点である。戦後憲法体制では、精神的自由(思想信条の自由、表現の自由など)と経済的自由のあいだに、いわゆるダブルスタンダードが設けられることが多く、後者の経済的自由は、貧困や格差を招くため、公共の利益の観点から政府による制約を広汎に認めるようになっていた。しかしハイエクはこのような考えに強く反対し、経済的自由こそが自由な社会の根幹であるとする。その背景には、後年詳細に展開される知識論があった。

ハイエクの市場の擁護の仕方はユニークであり、近代経済学の正統派(いわゆる新古典派)とは大きく異なっている。人間社会における知識は分散して存在しており、どのような独裁的支配者もこれらをすべて把握することは不可能である。市場だけがこのような分散した知識を十分に活用できる制度である。市場は何らかの制度設計者によって意図的に作られたものではなく、長い時間のなかで（あたかも言語のように）成長してきたものである。これをハイエクは「自生的秩序（spontaneous order）」と呼ぶ。また別の表現によれば、テシスの法（人為的立法によれば、何らかの頭のなかの設計図どおりに社会を建設しようとするような考え方（「設計主義」）法）と対比して、自生的に成長する市場のような法をノモスの法として擁護する。ハイエクによは、十八世紀のフランス啓蒙から二十世紀の社会主義に連なる誤った合理主義である。それだけでなく、このような合理主義は、数理的方法によって均衡解を求めようとするような正統派の経済学にも浸透している誤った考え方である。

ここからハイエク特有の秩序論が導かれる（ハイエク 1973→2007）。彼は「市場」の秩序を「組織」と対照させる。「組織」は共通の目的が存在し、指揮命令系統がその目的実現のために必要となる。それに対して「市場」には共通の目的は存在せず、各人がそれぞれの目的を実現するために「市場」を利用する、という関係になる。現代社会にはもちろん組織も必要なのだが、ハイエクの主張は、社会全体が「組織」になってしまえば自由は失われるという点にある。それはまさに共産主義やファシズムが目指したものであると同時に、資本主義にあっても労働問題などへの介入による行政官僚制の拡大は、しばしばそれに似たものを作り上げてしまっている。

ハイエクによれば、市場の参加者にとって重要なのは、予測可能性が保証されることである。

市場における予測は不確実であり、もちろん外れる場合もあるが、それは政治的支配者による恣意的な介入による不確実性とはまったく異なるものである。市場にあっては参加者の自由と公正は保たれるが、権力の恣意的な作用によればそれらは破壊される。

このように後年のハイエクの思考は、経済学を超えて社会哲学・政治哲学に接近していった。なかでも英国の政治哲学者、マイケル・オークショット（一九〇一―九〇）の「企業的結社（enterprise association）」（定められた目的を持つ団体）と「公民的結社（civil association）」（目的を異にする者のあいだの結合）との区別（中金 1995）は、ハイエクに影響を与えることになった。もっとも、オークショットの「公民的結社」はとくに市場と結びつくわけではないし、彼はハイエクの思想に対してかならずしも親近的でなかったとされるが、こうした両者の差異を含めて興味深い論点が提起されたといえよう。

ハイエクの強力な市場の擁護論は、現実の新自由主義の展開とどのように関係したのだろうか。ハイエクには共産主義への反対という強いイデオロギー的な動機が一貫してあった。こうした志向はサッチャリズムと一致するものであり、晩年のハイエクはサッチャーの政策（とくに労働組合潰し）を支持したことから、新自由主義のイデオローグとしての印象が高まった。

しかしハイエクは自由放任（レッセ・フェール）を支持せず、それはフランス流の合理主義であるとして退けた。彼にとって重要なことは、たんに政府を縮小することや企業の利益を最大化することにあったわけではない。その点でもアメリカの「選択の自由」系の議論（ミルトン・フリードマンなど）とは重要な点で異なるものである。またその社会的慣習を重視する考え方は、伝統を破壊するタイプのサッチャリズムとむしろ対照的だともいえる。

ハイエクにとって政治は、市場を維持するための立憲主義的な枠組みとして維持され、彼の議会の構想は、つぎの選挙で勝つために有権者の意向に左右されることのない終身制の議員によって構成されるものである。ハイエクは民主主義を否定はしないが、それはあくまでより高い価値である自由に仕えるための手段として位置づけられる。

このように、ハイエクの社会哲学は、新自由主義の政策と反労働組合などの点では一致点を有する一方で、その思考様式は異質な面を持ち、新古典派経済学などで常識化していた「経済」の概念の根本的な再考を迫る思想であった。それゆえ新自由主義とそれを支える主流派の経済学に批判的な論者のなかにも、ハイエクの支持者を見出すことができる（松原 2011）。

③かえって強まった国家介入

第三に、新自由主義の公式の言説（小さな政府）と実際に新自由主義がしてきたことのあいだに、無視できない溝が存在している点である。新自由主義的改革は、英国のサッチャー政権に典型的であるように、「鉄の女」と呼ばれた強いリーダーシップを有する首相のもとで、強い政府によって遂行された。市場原理の導入を中心とする改革を行うためには、労働組合や野党の反対、さらには行政官僚制の抵抗を排除するために、強い政府が必要とされ、改革の支持者によって賞賛された。これは政府の役割を極小化しようとする新自由主義の公式の考えと少なくとも緊張関係に立つものである。

しかし、新自由主義の経緯についてみると、サッチャーやレーガンに始まる先進諸国での導入に先立って、途上国へ融資と引き換えに市場中心の経済改革を迫っていたことに始まる（ハーヴェイ2005→2007）。市場がハイエクの言うように「自生的」に形成されてきたのであれば、政府の役割は小さくて済むかもしれないが、実際に新自由主義が導入された経緯をみれば、そのような条件が満たされてはいないことがわかる。途上国をグローバル資本主義に包摂する方法として、市場は開発政策として導入され、また先進諸国においても労働組合や福祉国家的な制約を削ぐことで資本主義の活力を復活させる方策として、市場は政治権力と共働して、強い政府とセットで再導入されたのである。歴史的に見ても市場経済が政治権力とは関係なく形成された例はむしろ少なく、産業化が進展した十九世紀のドイツなどでは明らかに、「営業の自由」の名のもとに国家が介入して、ギルドなどの中間団体を排除しつつ、市場は形成された。経済における個人主義と国家とは相携えて、社会の近代化を推進したのである（村上1985）。

その後、日本の一九九〇年代のバブル崩壊のあとの金融危機、また二〇〇八年のアメリカを中心とする金融危機後の処理について、破綻しかけた銀行などに公金投入を決めたのは新自由主義的政権だった。私企業の救済に税金を用いることは、もちろん倫理的に問題があるし、何より新自由主義の教義に反しているように思われる。しかし、巨大企業を潰すことで生じる測りがたい社会的損失を避けるために（大きすぎて潰せない）、政権は公金の投入を決断した。これが批判されるべきかどうかは別として、新自由主義にとって何が大事かをよく示すケースだった。新自由主義は政府の介入を批判して市場を擁護してきたが、市場が自力での回復能力を失うほど混乱したさいに、救済できるのは政府や政府間組織しかないことを、二〇〇八年の経験は明確にした。

④新自由主義的統治の「合理性」？

第四に問題にしたいのは、誰が新自由主義を支持しているのか、という問いである。新自由主義は一九七〇年代に衰退した先進国の経済に再び活力を与えた、と評価する向きもある。しかしその利益が社会の貧しい層にも及んだとは考えにくい。新自由主義的で企業活動の誘因を重視するサプライサイドの経済学などにもとづく減税の効果で、大企業の利益は上向き、株価は上昇した。同時に富は大企業の経営者や株主、投資家などの富裕層に著しく偏ることになり、株主向けに短期的利益を求める企業ガヴァナンスに従い、労働者の非正規雇用の割合が増大して、労働者の平均的な賃金は減少した。これらの結果は、数多くの調査がほぼ等しく認めるものである。

このように大多数の人々にとって利益にならないとするならば、なぜ新自由主義を掲げる政治勢力が選挙で勝利してきたのかが謎となる。日本でも二〇〇五年のいわゆる郵政選挙において、郵政民営化を主張する小泉純一郎首相を、その政策によって利益を得ることが考え難い低所得の若者層が多く支持したことが話題になった。

まず、マルクス主義などはこれまで、虚偽意識論などイデオロギーによる説明をしてきた。低所得層は何らかの支配的なイデオロギーのために、虚偽を植え付けられて自分たちの利害を正しく認識できないというわけである。このような虚偽意識論による説明は、知識人が人々の「正しい」利益を知り得るとする思い上がった議論とも言え、今では信用されなくなった。これはもっともなのだが、しかし今なされている選択だけが可能な唯一のものというわけではない。なぜ人々は客観的には自分に利益にならない選択をするのかを、重層的に明らかにすることが必要である。

アメリカの大統領だったレーガンがその二期目の選挙戦で、ＴＶのＣＭのなかで自らを額に汗して働くアメリカの労働者の味方だとアピールして大勝したエピソードは良く知られている。しかしレーガン政権が実際にしたことは、減税による大企業の優遇と、その結果としての貧富の差の拡大だった。それでもなおレーガンのような共和党保守派が支持されたのは、民主党のリベラルな政治への民衆の不信をうまく利用したからだと言われている。したがって、共和党の新自由主義的政治は、政治不信を栄養源とする、ある意味で反政治的な政治なのである（エドソール 1991→1995）。こうした手法は今日のポピュリズムにもつながっている。

しかしそれですべて説明できるわけではない。新自由主義的な政治勢力は一九八〇年代以降今に至るまで、長きにわたって政治の中心にあったと言っても過言ではない。もちろんアメリカで民主党が政権に復帰したり、ヨーロッパの諸国で社会民主主義政党が政権についたりしたことはあった。日本でさえ政権交代で中道と目される政府が誕生したこともあった。しかし、どの政党が政権についたとしても、新自由主義的な統治手法から自由ではなく、左派政党がむしろ積極的に福祉を切り詰める判断をすることも生じたのである（ドイツのシュレーダー政権など）。

このように、新自由主義は一部の大企業や富裕層に有利な立場であり、国民の階層による分断を生じかねないと指摘されていながら、それに反対であるはずの政党が政権を取ったとしても党派性を超えて、ほとんどあらゆる政治勢力を拘束してしまう作用があるように思われる。このことから誰が政治をしても同じ、という悲観論が強まってきた。

フーコーの統治性論

このような従来の政党間の競争政治では把握できないような事態が、新自由主義の優勢のなかで定着してきた。かつて戦後の競争的多元主義の黄金時代にアメリカの政治学者ロバート・ダールが『誰が統治するのか？』と題した書物で多元主義を擁護したのに対して、一九七〇年代に始まったフーコーの統治性研究が、「誰が」の問いに替えて「いかに統治するか」を問うたのは、政治の性格の転換を表現しているといえよう。

新自由主義には何らかの否定しがたい合理性が備わっているのだろうか。ある意味ではそうだろう。たんにイデオロギーの平面で新自由主義を非難しても、それを突破することができないのは、そのゆえであるかもしれない。フーコーの「統治性論」と呼ばれる主題は、このような意味での現代性を明らかにする新たな知を創始した。

「統治性論」については、現在までに膨大な研究が蓄積しており、本書はそれに何かを加えようとするものではない。ここでは、なぜこのように統治性論が盛んになったのかということを、新自由主義との関連で考え、新自由主義がもたらした政治の論じ方の変化について検討することにしたい。

先にも触れたように、一九七〇年代になると、先進諸国ではこれまでのリベラルや社会民主主義が主として担う政治が、経済の停滞と税収減などによってうまく機能しない状況になってきた。このとき政治学者たちが問題にしたのは、「民主主義の統治能力（governability）」であり、民主主義への要求（demand）が政府による供給の能力をはるかに超えるという悲観的な展望だった。サミュエル・P・ハンティントン、ミシェル・クロジェ、綿貫譲治の米欧日三人の研究者によるシンポジウムはこの転換期の象徴としての意味を持った（ハンチントン、クロジエ、綿貫 1975→1976）。日本ではそれほど言及されないが、欧米の政治学や政治思想の著作にあっては現在も頻繁に取り上げられている。そのなかでハンティントンは、政治的権威の回復を説き、保守主義的姿勢を明確にした。クロジェはフランスを題材に、官僚制の拡大の病理を問題にした。

フーコーが統治性を主題とするようになったのも、こうした戦後の政治体制の限界が言われるようになったことと関係がある。興味深いのは、フーコーが規律権力論や生権力論（人口生殖等）を踏まえたうえで、統治性論に取り組むようになった一九七〇年代後半の位置である。フーコーがそのコレージュ・ド・フランスでの講義『生政治の誕生』で詳しく論じた「新自由主義」は、後にサッチャーやレーガンなどの指導者によって実践されることになる、よく知られた新自由主義とは、決して同じものではない（重田 2018）。フーコーは「新自由主義」の概念を、通常レッセフェール（自由放任）的に捉えられる古典的自由主義との対比において把握している。題材とされるのは、一九三〇年代の自由主義が窮地にあった頃に、アメリカのウォルター・リップマンら自由主義者たちに参加を呼びかけて開催された「リップマン・シンポジウム」や、戦間期から戦後期にかけてのドイツのオルドー派である。これらの「新自由主義」は、たしかに、自由主義のなかに計画など社会主義的要素を持ち込み、市場を縮小しようとするタイプの自由主義（代表的にはニューディール）には明らかに対立するが、かといって古典的自由主義に戻ろうとするのではない。この考え方は、自由放任か改良的介入か（現代アメリカで言えば保守かリベラルか）、という二元的対立には属さず、国家ないし政府の積極的介入によって市場を再建し維持しようとする、いわば第三の立場だと言うことができる（ただしハイエクの立場はオルドー派のような市場の設計を退け「自生的秩序」に依るが、レッセフェールではないという理由で、なお微妙である）。

フーコーがこれまで説いてきたように、権力の作用は禁止することよりも、むしろ積極的に何かをさせようとする生産的なものであり、しかも服従者の自由を禁じることによってではなく、むしろ自由を通して行為をさせる（conduire de conduit）という仕方で作用するという洞察は、この新自由主義の権力論においても継承されている。

フーコーの統治性論は、フーコーの死後、講義録の出版などでその全貌が次第に明らかになり、世界中にきわめて大きな知的影響をもたらしてきた。現在もその勢いは衰えず、日本でも先鋭な問題意識を持った統治性の歴史の研究が次々に生み出されている（たとえば大竹2018、重田2018）。統治性の思想史のなかで捉えられる問題領域は、重田《おもだ》園江による『統治の抗争史』（重田2018）によると、「君主の鑑」論、国家理性論、絶対主義の穀物ポリス（穀物価格政策）、人口論、衛生政策、都市計画、確率・統計論、市場と自由主義等、驚くべき広がりを見せている。何ゆえに統治性論がこのような広大な社会領域の歴史を包括し、またこれほどの影響力を持つようになったのかはそれ自体興味深い思想史上の出来事である。ここでいくらか時間を遡り、統治性論と入れ替えに、どのような政治の論じ方が消えたり変質していったりしたかを簡単に見ておきたい。

一九七〇—八〇年代の国家論とその衰退

一九七〇—八〇年代にアントニオ・グラムシやアルチュセールの成果を継承するかたちで展開

した「ネオマルクス主義の国家論」は、左翼の政治理論への画期的な貢献であった。これまでの正統派マルクス主義は、政治を論じるさいに根本的な欠陥があった、とネオマルクス主義者たち（ニコス・プーランザスら）は指摘する。正統派マルクス主義にあっては、政治や国家は「上部構造」として、「土台」である経済関係に規定されたいわば従属変数として扱われ、経済が変わらなければ政治は変わり得ないとして、それ独自の歴史には十分な注目が集められてこなかった。このような経済還元論のために、マルクス主義は多様な政治形態を説明することができず、ファシズムの解明にも失敗した。また戦後ヨーロッパの社会民主主義的な政治体制を正統派の国家独占資本主義論で説明することも困難となっていた。

一方、当時のソ連をはじめとする「現実に存在する社会主義」の国家官僚制が自由や人権の過酷な抑圧を生じており、社会主義革命後の国家がかつてマルクスやレーニンが予言したような過渡的な権力とは到底みなし得ないことが明らかになった。社会主義国家の「プロレタリアート独裁」の規定については各種の解釈があったが、このような正当化によっては社会主義の欠陥を改めることができないことも、西側の左翼から認識されつつあった。

ネオマルクス主義の理論家たちが、マルクス主義の国家論の根本的な欠陥として挙げたのは、「還元主義」と「道具主義」である。後者は、国家は階級支配の道具とする正統派の考え方であり、資本主義国家はブルジョワジーの道具とされる一方で、「正しい」労働者階級の指導者が支配する社会主義国家ではそれだけで正当性が与えられ、現実の過酷な権力行使を批判したり制限したりする根拠は失われる。ネオマルクス主義者がオールタナティヴとして挙げるのは、構造的な国家理解である。国家は何らかの階級の所有物ではなく、それ自体が社会的諸関係の凝縮体であり、また諸勢力が闘争するアリーナとして把握される。より具体的には、競合する様々な社会的利益のブロックはそのままでは国家を形成することはなく、そこに差異をつなぎ合わせる政治的ヘゲモニーの必要が生じる。このような複数性（あるいは差異）の要素を取り込んだ政治の概念がようやくマルクス主義のなかに導入されたことを意味する（ジェソップ 1985→1987）。

ネオマルクス主義者たちは、マルクスの政治や国家についての思考を、正統派がたいてい用いるエンゲルスの『家族、私有財産、国家の起源』などとは一線を画す『ルイ・ボナパルトのブリュメール十八日』をはじめいわゆるフランス三部作などに見出し、関係論的な国家の導出を試みた。それは「国家の相対的自律性」というキーワードで表現され、政治に固有の意義が承認されることになった。この時期はちょうどヨーロッパで「戦後」の枠組みが流動化しはじめ、新自由主義の浸透と同時に、それに対抗する新しい政治的ヴィジョンが模索されていた時代だった。ネオマルクス主義の国家論とかならずしも重なるわけではないが、「ユーロコミュニズム」の名で、ロシアマルクス主義とは明らかに異なる先進国革命の構想がヨーロッパの左翼のあいだで練られていた時期でもあった。

コーポラティズム論の盛衰

これとは別に通常の政治学でも、一九八〇年代には「国家」が論争点となっていた。それは「コーポラティズム」をめぐる問題であり、今後の先進諸国の政治体制の方向は「ネオコーポラティズム」なのか「多元主義」なのかが論じられた。このような問題の立て方は今では理解が困難であるが、その背景としては先進諸国の戦後政治体制が曲がり角に来たことがあった。すなわち、経済成長の鈍化やアメリカを中心とした新自由主義の攻勢のなかにあって、これまでのやり方では社会民主主義的な統合がむずかしくなってきたため、資本主義に屈して労働組合の影響力を排除するか、それとも逆に国家の経済への介入を強化して福祉国家を再建するかが問われるようになったのである。

コーポラティズムとは個人よりも団体を政治の構成単位とする考え方であり、とくにヨーロッパでは思想的にはさまざまに系譜をたどることができるが、ファシズムやそれに近似した体制において、議会制や個人主義的な自由主義に対する代替案として広く採用された経歴があった。そのためファシズムの権威的なコーポラティズムと区別するために「ネオ」コーポラティズムと呼ばれることになった。既存の企業団体と労働団体とを政治の公的な枠組みのなかに組み込み、政府を加えた三者の協議によって政治の重要な決定を行う方向付けを意味する。労働組合はネオコーポラティズムで大きな位置づけを持っており、社会民主主義的な政府と労働団体のあいだで新たな「社会契約」を交わし、組合は過剰な賃上げの要求を抑制し政府の経済政策を支持するかわりに、政府は労働者の福祉政策を維持するということも試みられた。

ネオコーポラティズムは、資本主義の自由化圧力に抗して社会的・経済的な民主主義を守るために構想された。政治的な意味ではもちろん民主主義が否定されるわけではないが、自由な競争的選挙の比重は下がり、また決定の重要な部分が政府や各業界のエリートたちの協議によって行われることで政治が一般の有権者から遠ざかるという面もあった。

一九八〇年代には新自由主義化した競争的多元主義に立つアメリカと、ネオコーポラティズムの導入で社会民主主義や福祉国家を擁護しようとするヨーロッパのあいだで、政治体制や政治についての考え方に開きが大きくなってきてもいた。英国はヨーロッパにありながら新自由主義を導入した。日本の場合は、多元主義とコーポラティズムのいずれもうまく当てはまらなかったために、当時日本の政治学では「仕切られた多元主義」とか「労働なきコーポラティズム」とかいった概念が提唱された。ここには苦労の跡が偲ばれる。

しかし、結局のところ、新時代に対応しようとするヨーロッパ左派の新しい試みはあまり成功したとはいえず、次第に新自由主義に押し切られ、コーポラティズムやネオマルクス主義の議論も、緻密に論じられたにもかかわらず影響力は衰退していった。その理由としては以下のようなことが考えられる。まず、国家が排他的な政治の場ではなくなりつつあったことである。一国中心的な民主主義的政治は、グローバル資本主義や移民も含めた外国人労働者の流入によって穴を穿《うが》たれ、さらに欧州統合が進んだこともあって、自律性を失っていった。

一九八九年の東欧革命は西ヨーロッパをはじめ世界の民主主義にとって、久しぶりの感動的な出来事であり、理想主義的な希望の復活に思われた。このとき、ヨーロッパの民主主義理念は再活性化した面もあったが、注目されたのは国家ではなく「市民社会（civil society）」だった。ここでの市民社会概念は、これまで一部で用いられてきたヘーゲルやマルクス主義における内容とは異なっている。このリニューアルされた市民社会は、国家と区別されるだけでなく、市場や企業組織とも区別され、市民の主として非営利的な活動が行われる自発的アソシエーション（たとえばＮＰＯ）を中心に把握される。東欧革命は、これまでのフランス革命やロシア革命といった代表的な革命とは対照的に、国家権力の奪取を主要目的とはしなかった。そのような権力獲得の合目的制ではなく、市民が教会や広場に集って討論する「フォーラム」の実践を維持することに関心が向けられた。この革命運動は、暴力革命が抑圧につながることを避けることに意識的であり、「自己限定的政治」であることを目指した点で画期的だった。

東欧革命によってソ連型の共産主義体制の崩壊は決定的となり、ソ連のゴルバチョフ大統領によるソ連体制の民主的改革の限度を超えて、ソ連と東欧圏は激流に飲み込まれていった。「壁」を取り払われたロシア・東欧圏には資本主義が容赦なく流入した。そして勝利したのは民主主義か資本主義か、と問うならばまもなく結果は明らかになった。経済的に弱体なこの地域で国益を守る名目でナショナリズムが台頭し、その期待のうえに権威的なリーダーシップを振るう政治家たちが支持されるようになったゆえにである。そして今に至り、民主主義から独裁志向を強めるポピュリズムへの移行が、ロシアのみならず、東欧革命期に民主主義運動が盛り上がったポーランドやハンガリーなどでも顕著になった。

新しい市民社会論とその変容

新しい「市民社会」の理念においてはその非営利的性格と参加者の自発性が強調された。その点で新自由主義には批判的であったとは言えるが、資本主義をどのように乗り越えるかという経済面での展望を持ち合わせているわけではなかった。ハーバーマスがこの経験をもとに自らの公共圏理論を再構築したように、討論の場でもある「生活世界」をどのようにして資本や国家権力の「システム」から守るかという点に主眼があった。

この現代版市民社会概念は、ヘーゲルやマルクスなど産業化が進展した十九世紀以来の市民社会概念（ヘーゲルやマルクスの系譜）とは異なり、市場や経済領域からも区別された自発的なアソシエーションの領域と考えられることにより、ポスト産業社会にふさわしい表現を得たと言える。一方、東欧革命や権威主義体制の民主化という出来事を背景に生まれたこの概念は、当初国家ないし政府からの自律の面をもっていたはずである。しかし、この点は次第に変質してきたように思われる。そこには新自由主義における統治性の変化が関係している。

新自由主義は財政支出や政府の仕事の軽減に努めてきたが、政府（government）は縮小しても統治（governance）の必要が減少するわけではない。むしろ経済停滞のなか乏しい資源で高齢化の進行や安全への要請に応えていくために、これまで以上に統治の領域の拡張が必要とされるようになった。その結果現れてきたのは、社会を構成するすべての団体や個人が自らを「統治」することを求められ、そのような統治をより上の機関が絶えず監視し、「統治《ガヴァナンス》の統治《ガヴァナンス》」を行うような社会秩序である。

このような経緯で、市民社会の構成要素もガヴァナンスを要請されるとともに、新自由主義的政府の側も、統治に市民社会の協力を訴えるようになって、政府と市民社会のパートナーシップが説かれるようになった（例として、ブレア時代の英国で影響力を持ったアンソニー・ギデンズの「第三の道」の議論を挙げることができる）。こうして「政府」と「市民社会」の対立というよりもむしろ補完関係が目立つようになる。このような関係をどのように評価するかはさまざまであるが、これをボランティアを通した動員社会であるとする批判が出てくるのも理解できないことではない。

新自由主義の逆説

まとめてみよう。一九八〇年代の左派（ネオマルクス主義および社会民主主義）から提起された国家論は、九〇年代には市民社会論へと移行し、その市民社会のあり方も当初の想定からはかなり異なるものになってきた。まず八〇年代の国家論が前提していたような、労働組合をはじめとするブロックで構成される社会の構造が、次第に輪郭を失い液状化していった。

これは組織資本主義の終わりと表現されるような変化によって引き起こされた。外国人労働者、パートタイマーなどの非正規雇用者の割合が増大し、正規雇用とその上に成り立っていた労働組合の凝集力が低下した。このような雇用の変化は、企業の短期的利益の最大化を経営者に要求する、新自由主義的な株主資本主義や企業ガヴァナンスによって方向づけられていた。

一方、一九九〇年代の市民社会論は、こうした流動性にある程度は対応する理論だった。そもそも民主主義の行われる場が国家へと収斂する必要はなく、民主主義の可能性を社会の多様な主体へと拡張する働きを、この新しい市民社会論はもたらした。このような意味での市民社会は現在もしばしば言及されるが、先に触れたように、新自由主義的統治の補完物となっている面もあることを否定するのはむずかしい。

このような自律した主体や安定した構造がなくなって作用だけが残り続ける変容のなかで、政治や社会のあり方を解明する方法として、フーコー由来の統治性論が影響力を拡大してきたことが理解されよう。権力は「上から」よりもむしろ「下から」来るというのも、フーコーの権力論の含意のひとつだった。新自由主義的統治について見た場合、人々が自己利益や安全を求めた結果、選ばれてしまうのがこの統治であるという面は否定しがたい。新自由主義が貧困や格差を生じ、また弱い立場の人々の承認や尊厳を剝奪するといった深刻な問題によって、これまでずっと非難されてきた事実にもかかわらず、何らかの意味で下から支持されてきたことは確かである。新自由主義に対する呪詛さえもが、新自由主義的発想から逃れられないために、むしろ左派やリベラルに対する攻撃に向け変えられることもある。自分たちの貧困への抗議が、より立場の悪い福祉受給者や福祉を支える考え方への憎悪にすり替えられるように。

また新自由主義自体が、少なくとも一九八〇年代から今に至るかなり長い統治のなかでその性格を変化させてきた。かつての市場原理主義的主張は、先に触れたリーマンショックに始まる金融恐慌を経て維持することが困難になり、むしろ金融市場を維持する目的の政府介入を当然視するようになって、金融市場が政府や中央銀行に金融緩和（利下げなど）を求めることが日常化した。そして株価を高値で維持することは各国政府の重要な役割となっている。こうした政府の恒常的な介入は、かつてのニューディールなどとは異なってかならずしも一般的な消費需要を高めるものではなく、株主など投資家の利益に奉仕するものであって、やはり新自由主義的だと言えよう。

また最近の危機管理に訴える統治もまた、新自由主義的統治を特徴づける要素となっている。現在、われわれの日常生活が、テロリズム、凶悪犯罪、経済恐慌、感染症、食中毒、原発事故、大規模自然災害等々のさまざまな性質の危機に取り巻かれている、という印象が深まっている。実際、現代社会がこうした重大リスクに絶えずさらされていることを否定することは困難であり、政府などによる「危機管理」もまた「下から」要請されている面が強い。しかし、このような危機意識に訴え、危機を利用することで政府批判を封じ権威的介入を遂行しようとする「ショック・ドクトリン」(ナオミ・クライン)の問題性もまた指摘されている。こうして政治権力の作為が疑われる場合を含め、例外的なものが日常化するなかで、新自由主義のなかにシュミット的な「例外時の決断」の発想が流入し、国家権力の恣意的行使を止めることがむずかしくなっている。これもまた、新自由主義の変質によって引き起こされた事態である。

新自由主義にかかわる統治性に対してフーコーがそれをどのように評価していたのかは、この思想家によくあることだが、明確に表現されていない。フーコーが新自由主義的統治を積極的に肯定したとは考えにくいが、少なくともこれまでの左翼が新自由主義の重要性を見逃してきたことを問題とした。新自由主義は「ブルジョワ・イデオロギー」のように軽蔑して済むものではないのであり、それゆえフーコーは(誰が利益を得るかだけでなく)「いかに統治するか」へと関心を移動するように促したといえよう。

新自由主義が結果として支持されるのは、それが個人の自己利益と合致し下から支えられているからだが、そこでの自己利益は他者への過剰な同調によって形成されているとも言える。世の中に通用しているものこそが自己の望むものだという選択が自動的に出来上がってしまう(店に長い行列ができていると自分も並びたくなる人がいるように)。インターネット、とりわけ近年のソーシャルメディアの発達が、そのような傾向を促進していることはしばしば指摘されてきた。

そして悪いことに、各人が選択したリスク回避的な行動が、それが集合的になされることによって、かなりの確率で選択した当人たちをも苦しめる結果をもたらす（金融危機、災害時の風評被害、等々）。そこには、通用している考え方以外の可能性をはじめから想定しないような、想像力の欠如が関係している。

フーコーのメッセージのひとつは、おそらく、新自由主義的統治性の系譜をたどることで、その矛盾や偶然性を明らかにすることができるかもしれないということだった。権力のあるところにはかならず抵抗もまた存在する、というのがフーコーのメッセージだった。新自由主義的統治からの脱出は困難だが、そこに小さいが重要な裂け目を見出していくことが重要だろう。

ポストモダニズムと消費社会

少し戻って一九八〇年代の思想界での流行といえば、フランスに発したポスト構造主義などを源流とするいわゆる「ポストモダニズム」が、急激に世界を席巻したことだろう。これは人文学のみならず、社会思想・社会科学にも多大な影響を与えた。しかしその流行は比較的短期間に下火となり、現在ではその痕跡を探すことがむずかしいほどである。しかしそれは、流行のもとになった思想家たちの影響力が衰退したことを意味するものではない。アルチュセール、フーコー、ラカン、ドゥルーズ、ガタリ、デリダといった、ポストモダンの文脈でスターとなった思想家たちの名前を挙げてみれば、当人たちが亡くなった今でも、頻繁に引用されることからもそれは明らかである。消えたのは、このような思想家たちをポストモダンの名で括り、流行現象に落とし込もうとする言説である。

なぜこの時代に近代（モダン）が終わった、という言説が人々を捉えたのだろうか。またそれが、近代と別のものを提示するのではなく、「ポスト」という、連続とも断絶とも取れる接頭辞によって、新しい時代（現代）を表現しようとしたのだろうか。

フランスの哲学者ジャン＝フランソワ・リオタールは、『ポスト・モダンの条件』（リオタール 1979→1986）のなかで、「大きな物語」が終焉し、小さな物語だけが残ると説いて、いわばポストモダンを定式化した。ここで言う大きな物語とは、人類の進歩の思想、とくにマルクス主義に代表される歴史法則にしたがった社会の進歩、あるいは近代主義的な人権や合理性といった考え方である。そして歴史には人間解放の終着点があるといったメシアニズム（救済論）もまたこれに含まれるだろう。これらの「大きな物語」は、さまざまな言説に正当化の根拠を与える「メタ言説」として機能していたのだが、それが失われた。それに代わって「戯れ」や「スキゾ（分裂的）」といった差異の表現が、思想界のファッションとしてこの時代に肯定的に語られた。

なかでもマルクス主義の影響力の失墜は、ポストモダニズムが生み出された最大の契機だった。マルクス主義の衰退傾向はこれまで長期にわたっていたものが、一九六〇－七〇年代のニューレフトの思想によって「マルクス・ルネサンス」が一時的に期待された。しかし、これも長く続かず、保守的な文化変容のなかに埋もれていった。こうしてポストモダニズムは、一方でマルクスをポストモダンの発端に置きながら、マルクス主義勢力に最後のとどめを刺したことになる。

つぎに、資本主義の性格もまた大きく変化し、生産中心の資本主義から消費中心のそれへの移行が進んだことが背景としてある。成熟社会化とともに、生産力の拡大を目指すといった社会の共通目標は失われた。またこれまでは社会主義と資本主義を問わず、労働を生産力の基礎として賞賛する道徳的傾向を有してきたが、これも維持されなくなった。労働はもはや人間の本質を実現する行為とはみなされなくなり、華やかな「消費の美学」がそれに取って代わった（ジグムント・バウマン2005→2008）。セレブの消費生活への羨望のまなざしが高まる一方、新自由主義のもとで貧困と孤独を余儀なくされる労働者たちは不可視化されるようになった。

ハンナ・アレントらが批判した「労働する動物」は、社会の脱物質主義化によって現実に終焉を迎えそうになったのだが、それはアレントが説いた政治への自由や、また精神生活の充実といった方向からはかけ離れた、かなり歪んだかたちで進行した。

ポストモダニズムが終焉を告げた事柄のひとつは、知識人の時代が終わるということだった。しかしこれにはやや留保が必要だろう。ポストモダンと目される思想家たちは、フランスのポスト構造主義などに由来する難解な学術語や華麗なレトリックを用いることで、アカデミズムを超えた人気を集めた。ここにはある意味では二十世紀はじめのアヴァンギャルド的文化を想起させるものがあった。もとは軍隊用語であった「アヴァンギャルド（前衛）」はボルシェヴィキら共産主義の政治指導者について用いられ、ついで文化の領域で二十世紀前半の実験的精神を指すものとなった。

ポストモダンの言説は、二十世紀前半の（本物の）アヴァンギャルド的なものを反復する振りをしながら、（政治的アヴァンギャルドはもとより）文化的にもそんなアヴァンギャルドなどもはや成り立たないと、スノッブな観衆を前にシニカルに演じることに存在理由があった。このような意味でポストモダンの言説が成り立ったのは、ある過渡期的条件によるものだったことが今ではよくわかる。

われわれが従っている制度や規範、イデオロギーなどに究極の根拠などないことは、今では誰もが知っており、知りながら従っている振りをする時代になった。そうなれば根拠などないという言説自体の価値がなくなってしまった。ポストモダン言説が消費し尽くされ、時代遅れになったあと、いわば本当にポストモダンな時代が到来したということができよう。「ガヴァナンス」や「コンプライアンス」といった「根拠になりえないような根拠」に由来する言葉が人々のふるまいを規制し尽くす時代は、そういう（ポスト・ポストモダンな）時代なのである。

確固とした根拠と信じられてきたものを批判、解体し相対化する運動は、近代とともに始まり、本書で検討してきた多様な「現代」において繰り返された。「現代」は「近代」を相対化する位置にある。そしてとりわけニューレフトの時代は権威の解体を徹底して推し進めようとした。そういう意味ではポストモダンはニューレフトの思想の延長線上にあるともいえる。流行現象としてのポストモダンとは一線を画して、ポスト構造主義思想の影響のもとに展開された「ポストコロニアリズム」やジュディス・バトラーのフェミニズムなどは、国民的なものが再び自明視される傾向にある新保守主義の今にあって、批判的思考の源泉でありつづけている。一九九〇年代以降活発化した戦争責任をめぐる議論では、国民というアイデンティティが再び熱い関心の対象となったが、そのようなアイデンティティが偶然でしかありえないことを示すのにポストモダン言説は一定の役割を果たした(ヨーロッパでの移民排斥への抗議などにおいて)。

しかし多くのポストモダン的言説は、かつてのニューレフトの解放への関心をきれいに拭い去っていた。ポストモダン的な気分が、何か硬い言葉でもって体制や政府を批判することを時代遅れとみなしたとすれば、それが消費社会の進展や統治システムの高度化を洗練された言葉で説明し、現代にはそれ以外の選択肢はないという印象を結果として与えることで正当化することになる。

一九八〇年代のポストモダンの夢に続く九〇年代の冷戦終結後の世界は、退屈な平和に満たされるどころか、これまで冷戦秩序に隠されていた民族対立を激化させた。これはS・ハンティントンのような「文明の衝突論」を生むとともに、他方ではとくに国際秩序をめぐる倫理的問題を再浮上させた。このような倫理的必要に迫られて、ポストモダンからは「大きな物語」とされた古典的なヒューマニズムを継承する人権理論やグローバル正義論などが再生した。アメリカを中心にした多国籍軍の湾岸戦争での武力行使をめぐる正戦論(マイケル・ウォルツァー)、セルビア空爆の是非を問うことをきっかけとした人道的介入論、難民など国家の実定法の枠の外にある人々に関する人権理論、国際連合の実際の活動と関連した「人間の安全保障」論や主権の「保護する責任」論などが、今日に至るまで盛んに展開されてきた。また地球温暖化をめぐる環境の正義や、臓器移植など医学テクノロジーの進化を背景とした生命倫理の議論も盛んに行われるなど、応用領域への倫理学や政治哲学の進出が活発化している。

こうした傾向は、社会科学が実践的課題に敏感に対応するようになったことを示している。それは知の権威主義や、かつて象牙の塔などと呼ばれた大学の閉鎖性を打ち破る点で望ましい傾向かもしれない。しかし、それは同時に、権力と知との関係がこれまでになく密接なものに組み換えられたことを意味している。統治は金融問題であれ、環境であれ、ジェンダーであれ専門知識を必要とし、専門家の参加なしには成り立たない。社会貢献の名の下で、専門知識はこれまでになく権力行使のなかに巧妙に組み込まれ、新自由主義的統治に利用されやすくなっている。

冷戦終結後の政治

一九八九年の東欧革命から九一年のソ連解体を経て、九〇年代を通じた政治的なトレンドは、自由民主主義の勝利と民主主義の拡大として、おおむね祝福された。旧共産圏の民主主義化だけではなく、長く権威主義体制が続いていたスペインやポルトガル、また東アジアでは韓国や台湾の民主化が進んだ。いまや自由民主主義はこれまでのような先進諸国（その多くは北米と西欧）に限定された政治体制であることを止め、全世界的な政治体制のスタンダードとなってきた。これは民主主義の歴史にとって非常に画期的なことであり、民主主義を西欧中心主義から解放する可能性をも意味していた。

この時代を代表するフランシス・フクヤマのベストセラー『歴史の終わり』（フクヤマ 1992→1992）は、一般に自由民主主義の勝利宣言と受け止められた。ヘーゲルとコジェーヴの歴史哲学にもとづく診断は、「大きな物語」に依拠する点で一見ポストモダンの時代に反するように思われたが、結論としては「承認を賭けた闘争」や弁証法的な歴史の発展の時代は終了し、自由民主主義のライヴァルはもう出現しないとするものであって、ポストモダンが描く世界像と近似していた。しかし、フクヤマはこの『歴史の終わり』に、ニーチェ由来の「最後の人間」という言葉を加えて皮肉を表現したように、このような事態を全面的に歓迎したというわけではない。そこには、西欧中心だった世界で、アジア人たちが自らの努力による経済発展と承認を勝ち取った気概が肯定的に言及されていた。

この頃、国際関係にあってはアメリカやソ連など大国の覇権の時代は終わり、対話による秩序形成が現実的だと考えられたのだが、こうした楽観的な見通しは同時期の湾岸戦争によって破れ、短期間に暗転していくことになる。そして西欧的世界秩序を揺るがすイスラム教世界の脅威が頻繁に語られるようになった。ハンティントンの『文明の衝突』（1996）は、一九九〇年代後半以来の気分を代表するベストセラーである。ハンティントンは世界を二分する冷戦の時代や、世界はひとつとする「歴史の終わり」的な楽観、そして国民国家体制に戻ることのイメージも含めこれらすべてを退け、世界を七ないし八のかつての「帝国」の版図に分け、とくに宗教的世界観のあいだの争いがこれからも続くことを説いている。ハンティントンによれば、各々の世界は「文明」の利便性は受け入れても、「文化」の違いを超えることはむずかしい。

このようにイメージされる世界では、資本主義のグローバルな展開と並行して地域間、民族間の争いが多発し、自国民の利益を中心にして他を顧みない排外的立場がしばしば支持を拡大し、ポピュリズム的政党や政治家が台頭する現象が拡大しているのが現状である。

日本の一九八〇年代：経済独り勝ちとその裏面

冷戦終結後の日本政治とそれにかかわる知については、日本に特異な事情もあり、説明が必要であろう。本書の第一章で述べたような、「五五年体制」とも呼ばれる自民党の一党優位制は、日本の多くの政治学者や知識人にとって克服の対象だった。政権交代の可能性が現実に乏しいことや、万年与党の自民党と結びついた官僚制の支配は、日本に民主主義が定着していない証拠と考えられた。一九六〇―七〇年代の社会運動の高揚は、地方政治のレベルで多くの革新自治体を生んだ。しかし、国政レベルでは多党化（公明党や民主党）の傾向をもたらしても自民党の優位はさほど変わらなかった。革新自治体が財政危機などのため退潮するなか、政治の変化への期待は、改革に意気込みを見せるようになった一部の新自由主義的な保守勢力に期待されるようになる。もともと憲法秩序を「保守」することに懸命だった「革新」勢力は衰退し、替わって保守のなかから出て来た「改革」勢力が、日本政治のオールタナティヴと考えられるようになった。

自民党一党支配でなくてもよいと、財界なども含め多数の人々が考えるようになったのは、高度経済成長の終わりと冷戦の終結という二つの変化のためである。これまでのような経済成長が見込めなくなって、自民党が得意とした開発主義的手法が今では逆に経済の活力を奪うのではないかと危惧されるようになった。また冷戦下ではソ連側につく可能性を疑われた左派（社会党）に政権をゆだねるわけにはいかないから自民党支持以外の選択肢はない、と考えていた有権者も、冷戦終結でそのような心配はなくなるとともに、自民党以外の政権でも構わないと考えるように変化が生じた。加えて、自民党政権がこれまで守ってきた市場の障壁が海外からルール違反だと非難されるようになり（ジャパン・バッシング）、外からの批判も政治改革の追い風となった。

カレル・ヴァン・ウォルフレンの日本批判は、日本が経済大国であるにもかかわらず、日本国民は数字ほど豊かでないこと、そして日本では独裁政治家がいないにもかかわらず、国民は自由を享受していないことを問題として取り上げ、大きな話題となった。ウォルフレンによれば、支配しているのは非人格的な「システム」であり、日本国民はそれから排除されるのを恐れて「システム」に従順に服している。

ウォルフレンの『人間を幸福にしない日本というシステム』(ウォルフレン 1994)による批判は、国内でもとくにリベラルや左派系の知識人の共感を得た。これは一九八〇年代の世界で独り勝ちをしているように見えた日本資本主義を礼賛する保守系の議論に対する有効な批判と感じられたからだが、同時に丸山眞男をはじめとする戦後知識人の言説を彷彿させたことも、リベラル派知識人たちの記憶を呼び覚ましたと言えよう。ウォルフレンが批判した、自民党の一党優位支配、政権交代の不在、自民党と結びついた官僚制の権限の大きさ、政治家の無責任、政治を諦観し活動しない市民、これらの政治的悪弊が基礎を置く、既得権益によって占められた社会。言うまでもなく、これらは丸山眞男をはじめとする戦後思想以来、長く問題にされてきた戦後日本社会の宿痾《しゅくあ》であった。

一九八〇年代になると、日本社会の一般的な富裕化は進み、貧困の克服や平等の問題はたいてい解決済みだと考えられるようになった。村上泰亮《やすすけ》はこれを「新中間大衆の時代」として特徴づけた。ヨーロッパのモデルでは中間階層はエリートであって大衆とは異なるが、日本の近代化において両者は融合する。村上はその意義を認めつつ、開発主義的政治からの脱却と成熟社会化を説いた(村上 1984)(村上 1992)。

このような状況は、戦後政治学の伝統からは嘆かわしいものに映る。平等化によって社会の画一化が促進され、自由が失われている。彼らは、ここに馴染みのトクヴィルの議論を重ね合わせた。批判されたのは、「政治」に対する「経済」の優位だけでなく、平等を志向する「社会」的なものが「政治」を圧殺しているという主張である。ここで「社会」的なものとは、労働組合や（社会に介入する）行政官僚制であり、これらが既得権益となって政治改革を拒んでいるとする新自由主義的な見方と共鳴する素地が生まれた。ウォルフレンが新自由主義者だったというわけではないにしても、彼にあっても「市民」の立場が「消費者」の利益と重ね合わされ、政治改革が消費者主義を味方にして行われるようになったことが特徴的である。たしかにこの時期についていえば物価が高く、消費者が割を食っていたことは否定できない。こうして丸山のような戦後政治学と、どう見てもそれとは異質の新自由主義とが、奇妙に手を結ぶことになる。ヨーロッパの場合とは異なり、社会民主主義が発達せず自民党がある程度それを代替していた日本では、既得権益批判と政治改革の主張は自民党支配を標的としたため、通常は右派に位置づけられる新自由主義的改革、とりわけ小泉純一郎政権の改革姿勢を、日本のリベラルなメディアや政治学者たちがおおむね支持するということになった。

政治改革とその皮肉な帰結

一九九三年に、偶然も重なって非自民の諸党派が自民党を破り、細川護煕政権が成立した。細川政権を支える諸党派は抗争を繰り返すようになって、この政権は長続きしなかったが、この非自民政権の誕生を契機として政治改革の議論は一気に進んだ。政権交代を可能にする小選挙区制、勝利した政党の強いリーダーシップによって世論を直接に政治に反映させること、自民党と同じく政権担当能力を有する（社会党的ではない）もうひとつの大政党を形成して競わせることが目指された。この時点では、総評と同盟など四つの中央組織が合体した新しいナショナルセンターとしての労組、連合も重要な役割を期待されていた。

その後日本の政治状況は、社会党党首であった村山富市を自民党がかついで首相にするといった五五年体制では考えられない事態が発生するなど、政治状況は以前よりも流動化した。その後、自民党総裁でありながら自民党の多くの政治家と対立して、郵政民営化をはじめとする新自由主義的改革を急いだ小泉純一郎は、自民党内の抵抗を押し切って、直接有権者に改革への支持を問うた。こうして既得権益との結びつきが強いとされてきた自民党が改革の主導権を野党から奪うことになった。しかしその後紆余曲折を経て、改革のキーパースンであり続けた小沢一郎の党と合体して新たに結成されなおした民主党にチャンスが回り、ついに二〇〇九年に民主党は総選挙での地滑り的勝利によって、政権を手にする。

しかし、その後の経過についてはあらためて述べるまでもなく、民主党政権は失政を繰り返し、安定多数の議席を有していたにもかかわらず政権は行き詰まって、二〇一二年には自民党に政権を奪われる結末となる。この政権の失敗の原因については今も十分に究明されているとは言い難い。本書ではその検討は割愛するが、代わりに政権交代を準備した政治改革の思想について、戦後とのかかわりにおいて触れてみたい。

一九九〇年代以来進められてきた政治改革の眼目のひとつは、政権交代を可能にする枠組みを作ることであり、その目的で導入された小選挙区制（比例代表制も併用するが、比重は小選挙区制に置かれる）は、二大政党制にふさわしい選挙制度であり、小党に入れた票が死票になるかわりに、民意が直接に政権に反映しやすいことで採用された。同時に、自民党が複数議席を取れるため自民党内の派閥均衡の温床となっていた中選挙区制を廃止するというねらいもあった。

アメリカや英国で実績のある、政権交代が可能な二大政党制は、一党優位が長く続いてきた戦後日本では当然改革のモデルとなるものではあったが、選択肢はかならずしもそれだけではなかった。一九七〇年代以降、自民党と社会党の（1と1/2の非対称関係の）二大政党制が崩れ、公明党など「中道」政党が躍進して多党化の傾向が生じた。当時、篠原一《はじめ》を代表とする政治学者たちにみられるように、社会の成熟に伴う利益や価値の多元化のもとでの多党化には理由があり、諸党のあいだでのさまざまな連立政権構想が検討されていた（篠原 1984）。連立政権は選挙結果が直接に政権の選択につながらないが、そのかわり連立政権構想に政治的な熟慮が発揮される。これにふさわしい選挙制度は比例代表制であり、ヨーロッパ大陸の連合政治の実状が比較検討された。

これがどのような経緯で、小選挙区制によって二大政党制をもたらそうという構想に収斂していったのかはよくわからないが、当時から「本場」の英国でも第三党の躍進など二大政党制を相対化するような現象が注目されており、二大政党の競争モデルへの固執にあまり根拠があったとは思えない。結果として、政治改革が狙いとした、「政権の強いリーダーシップ」と「政権交代の可能性」（すなわち選挙によって政権を罷免できること）のパッケージは、後者の可能性が消えていくなかで前者だけが残り、安倍晋三内閣の長期政権に帰結した。安倍政権の恣意的な権力行使はしばしば指摘されているが、野党の力は弱体化し、この内閣を制約するものがないことが、立憲主義や民主主義の点から問題化している。

「強いリーダーシップ」の問題

次は、先の「強いリーダーシップ」の問題である。政治学者たちは政治改革の議論で、小泉政権時に首相公選制導入を論じるなど、場合によっては与党に抵抗しても「民意」を貫く強い首相のリーダーシップの可能性を検討してきた（大石 2002）。結局政権交代の可能性が生まれたので、議院内閣制の枠内で、政権与党の執行部に強い権力を与え、官僚制の抵抗を押し切る政治主導を強調することが改革の理念となった。改革の議論のなかで、丸山眞男の官僚制批判や、日本に強い政治的リーダーシップが欠けていることを問題視する議論（東京裁判に取材した「軍国指導者の精神形態」）がたびたび引用された（佐々木 2009）。政治改革は政治学者たちにとって、丸山以来の宿願を実現する千載一遇の好機に映った。

現実的な政治改革の可能性として、英国や日本の新自由主義的・新保守主義的改革がモデルとされた。サッチャーや小泉の改革は日本の政治改革の議論のなかで高く評価されていた。しかし、これは考えようによっては奇妙な話である。政治改革がねらう戦後政治の「清算」が、戦後思想の代表と目されてきた丸山を参照し、丸山の理論によって正当化されているからである。もちろん丸山は戦後の政治と社会の現実を丸ごと肯定していたわけではなかったとしても、戦後の精神を大枠で擁護していたことは確かである（そのなかには民主主義勢力として労働組合に期待していたことも含まれる）。一方、政治改革の戦後観をたどると、直接そうは言っていないにしても、丸山の「作為」の精神は、戦後民主主義に依る抵抗勢力を圧し潰そうとした小泉純一郎に体現されるということになるだろう。これでは、丸山の継承としては少なくとも非常に一面的なものになってしまう。

もちろん政治改革には、新自由主義には批判的で、社会民主主義的な考え方の導入を目指した政治学者たちも参加していた（山口 2009）。政治改革の議論で特徴的なことは、このような社会民主主義的な立場の政治家や学者と、新自由主義的改革を徹底させるべきだと考える政治家や学者とが、唯一「強いリーダーシップの必要」ということで一致し、いわばひとつの船に乗り合わせたことである。

成熟社会のなかで

政治改革が構想されはじめた一九八〇年代後半と、二〇〇〇年以降とでは、日本経済のあり方は大きく変わっていた。一九九〇年代前半のバブル崩壊から日本経済は長く立ち直ることはできず長期停滞が続くなかで、新自由主義的な経営手法が導入され、労賃のコストは切り下げられて、格差と貧困が問題化した。また大都市と地方の格差は拡大し、地方の衰退が顕著になっていった。ジニ係数は上昇していき、日本はいつのまにかOECD諸国のなかでも不平等な国に位置づけられるようになっていた。しかし日本が中産階層を中心とする国家であり、「平等が行き過ぎていて自由が乏しい」社会に問題があるという古い認識は、二〇〇〇年代に入って統計的にそれが誤りであることが実証されるまで、なかなか改まらなかった。また、かつては不透明な規制によって供給側が守られているゆえに物価が高く維持され消費者の利益が損なわれていると批判されていたのに対し、この頃になると購買意欲の減退と供給側の競争激化のためにデフレ傾向が顕著となり、それが不況脱出を阻んでいることが明らかになった。ウォルフレンが日本を批判したときとは前提が大きく変化していたが、そのような近年の根本的な社会の変化を政治改革の議論が受け止めていたかどうかは疑わしい。

　政治改革をなしで済ませるという選択肢はありえなかったであろうし、改革そのものが無意味だったというわけではもちろんない。こういった政治改革の実践が狙い通りになるということはほとんど期待できないことなので、後からその不達成を批判するのはフェアではないかもしれない。しかし、政治改革が社会の望ましいあり方についての十分な議論なしに、政治というサブシステムのなかに閉じた改革となって、社会との反省的な関係を見失っていったのではないかという疑いが残る。

現代社会は、きわめて複雑に分化した社会であり、その分化したさまざまな領域（たとえば経済、文化、メディア、宗教といった）がそれぞれに自律的に展開するとともに、領域間に対立や摩擦が生じやすくなっている。国レベルの政治はかつてのように容易に全体を統括できるわけではなく、政治の重要性が失われたわけでは決してないが、実際にできることにはきわめて多くの制約が存在している。

二〇〇九年の政権交代時には、世論は新政権にあまりに大きな期待を抱き、その期待が実現されないとわかると、今度は失望感がいつまでも続き、復活した自民党政権へのオールタナティヴが実質上失われてしまった。社会の高齢化、経済活動や人口の縮小といった条件が避けられなくなった今、政治の可能性と不可能性をどのように考え直すかについて、十分な議論がなされているとはいえない。

政治改革もある意味では、もはや右肩上がりの経済成長が期待できなくなり、すべての構成員が等しく分け前に与《あずか》ることが困難になった時点で構想された。しかし、従来の政治への代案が、勝利した政党が全部取る、というやり方でよいかというと大いに問題である。それはポピュリズムの温床となり、政治不信を深化させるおそれがある。成熟社会の政治の条件を再び検討する必要に迫られている。

政治改革の恩恵を受けたのは、政権交代を果たした民主党政権ではなく、結局自民党への政権復帰後の安倍政権だった。政権復帰後の自民党は、かつての派閥均衡の上にある党ではなくなり、官邸の反対勢力は党内では一掃されて、安倍政権の安定化・長期化に寄与した。安倍政権は当初はアベノミクスと呼ぶ経済政策で思い切った改革を打ち出したが、長期政権化とともにその成果も薄れ、変わらない日本政治といった停滞感が広がるようになった。少し前までの日本政治では政権の短命化が問題になっていたことを考えると、安倍政権の方がむしろ例外的とも言えるのだが、この状態が運命であるかのような気分が出来上がり、閉塞感につながっているようなところがある。

戦後日本では五五年体制以来、わずかな期間を除いて自民党が政権を担当してきたが、自民党政権にもさまざまなタイプがあり、近隣の諸国との関係改善に尽くした政権もあって、安倍政権のようなタイプが唯一ではないことはたしかである。歴史を回顧することは過度な運命感と閉塞感に支配されないために重要だと思う。他方で、この成熟が進んだ社会においては、社会の分化のために、政治が何でもできるわけではないことも明らかである。政治への過度な期待は、多くの場合、過度の失望感を生む。過去を振り返ることで現状がこうなっていることには相応の理由があるということを知り、変革を考えるうえで今がどのように制約されているかを理解することは不可欠であると言えよう。

参考文献

本書で引用した文献を中心に構成した。通常「古典」に分類される著名な書物は除いた。また日本語で読めるものに限った。表記はあくまで読者の便宜を考えたものにし、学術的な表記には従っていない。順序は著者名の五十音順に従う。外国語の書物については日本語訳をまず掲載し、参考のために原著名を後に添えた。刊行年でたとえば（1963→1974）としているのは、外国語の書物については、先に原著の刊行年、後に日本語訳書の刊行年を示したものである。日本語の書物では、先に初出、後にそれが収録された全集や著作集の刊行年を示す。

アーモンド、ガブリエル・A＆ヴァーバ、シドニー（1963→1974）、石川一雄ほか訳『現代市民の政治文化：五か国における政治的態度と民主主義』勁草書房（Gabriel A. Almond & Sidney Verba, *The Civic Culture: Political Attitude and Democracy in Five Nations*）

アーレント、ハナ（1951→1972-74）、大久保和郎ほか訳『全体主義の起原（全三巻）』みすず書房（Hannah Arendt, *The Origins of Totalitarianism*）

アレント、ハンナ（1958→1973）、志水速雄訳『人間の条件』中央公論社（H. Arendt, *The Human Condition*）

アルチュセール、ルイ（1965→1994）、河野健二ほか訳『マルクスのために』平凡社ライブラリー（Louis Althusser, *Pour Marx*）

石田雄（1984）『日本の社会科学』東京大学出版会（増補新装版 2013）

――（1995）『社会科学再考：敗戦から半世紀の同時代史』東京大学出版会
上野千鶴子（1990）『家父長制と資本制』岩波書店
ウォーラースティン、イマニュエル（1995→1997）、松岡利道訳『アフター・リベラリズム：近代世界システムを支えたイデオロギーの終焉』藤原書店（Immanuel M. Wallerstein, *After Liberalism*）
――（1999→2001）、山下範久訳『新しい学：21世紀の脱＝社会科学』藤原書店（I. M. Wallerstein, *The End of the World as We Know It: Social Science for the Twenty-First Century*）
ウォリン、シェルドン（1988）、千葉眞ほか編訳『政治学批判』みすず書房（日本で独自に編集された論文集）
ウォーリン、シェルドン（1960/2004→2007）、尾形典男ほか訳『政治とヴィジョン』福村出版（Sheldon Wolin, *Politics and Vision: Continuity and Innovation in Western Political Thought*）
ウォルフレン、カレル・ヴァン（1989→1990）、篠原勝訳『日本権力構造の謎』早川書房（Karel van Wolferen, *The Enigma of Japanese Power, People and Politics in a Stateless Nation*）
――（1994）、篠原勝訳『人間を幸福にしない日本というシステム』毎日新聞社（K. v. Wolferen, *The False Realities of a Politicized Society*）（日本向けオリジナル）
宇沢弘文（1974）『自動車の社会的費用』岩波新書
内田義彦（1953）『経済学の生誕』未來社
――（1971）『社会認識の歩み』岩波新書
エドソール、トマス・B＆エドソール、メアリー・D（1991→1995）、飛田茂雄訳『争うアメリカ：人種・権利・税金』みすず書房（Thomas B. Edsall, Mary D. Edsall, *Chain Reaction: The Impact of Race, Rights, and Taxes on American Politics*）
大井赤亥（2019）『ハロルド・ラスキの政治学：公共的知識人の政治参加とリベラリズムの再定義』東京大学出版会

大井赤亥ほか編（2015）『戦後思想の再審判：丸山眞男から柄谷行人まで』法律文化社
大石眞ほか編著（2002）『首相公選を考える：その可能性と問題点』中公新書
大河内一男（1940→1969）『戦時社会政策論』時潮社『大河内一男著作集　第四巻』青林書院新社
——（1943→1969）『スミスとリスト』日本評論社『同　第三巻』青林書院新社
大竹弘二（2018）『公開性の根源：秘密政治の系譜学』太田出版
大塚久雄（1944→1969）「最高度〝自発性〟の発揚」『大塚久雄著作集　第八巻　近代化の人間的基礎』岩波書店
——（1955→1969）『共同体の基礎理論：経済史総論講義案』岩波書店『同　第七巻　共同体の基礎理論』岩波書店
岡義武編（1958）『現代日本の政治過程』岩波書店
——（1965→1969）『国民経済：その歴史的考察』弘文堂『同　第六巻　国民経済』岩波書店
小熊英二（2002）『〈民主〉と〈愛国〉：戦後日本のナショナリズムと公共性』新曜社
小野寺研太（2015）『戦後日本の社会思想史：近代化と「市民社会」の変遷』以文社
重田園江（2018）『統治の抗争史：フーコー講義 1978-79』勁草書房
折原浩（1969）『危機における人間と学問：マージナル・マンの理論とヴェーバー像の変貌』未來社
加藤尚武（1997）『進歩の思想・成熟の思想：21世紀を生きるために』講談社学術文庫
神島二郎（1961）『近代日本の精神構造』岩波書店
苅部直（2006）『丸山眞男：リベラリストの肖像』岩波新書
川崎修（1998）『アレント：公共性の復権』講談社
久野収（1977）『歴史的理性批判序説』岩波書店
久野収、鶴見俊輔、藤田省三（1959）『戦後日本の思想』中央公論社
コーンハウザー、ウィリアム（1959→1961）、辻村明訳『大衆社会の政治』東京創元社（William Kornhaus-

er, The Politics of Mass Society)
権左武志（1999）「丸山眞男の政治思想とカール・シュミット（全二巻）」『思想』九百三、九百四号
坂本義和（1967）『核時代の国際政治』岩波書店
佐々木毅（2009）『政治の精神』岩波新書
佐藤誠三郎（1996→2009）「丸山眞男論」『「死の跳躍」を越えて：西洋の衝撃と日本』千倉書房
佐野誠（2003）『近代啓蒙批判とナチズムの病理：カール・シュミットにおける法・国家・ユダヤ人』創文社
サンデル、マイケル（1982→1992）、菊池理夫訳『自由主義と正義の限界』三嶺書房（Michael J. Sandel, *Liberalism and the Limits of Justice*)
ジェソップ、ボブ（1985→1987）、田口富久治監訳『プーランザスを読む：マルクス主義理論と政治戦略』合同出版（Bob Jessop, *Nicos Poulantzas: Marxist Theory and Political Strategy*)
思想の科学研究会編（1959–62）『共同研究　転向（全三巻）』平凡社
篠原一（1977）『市民参加』岩波書店
――編（1984）『連合政治：デモクラシーの安定をもとめて（全二巻）』岩波書店
ジャンセン、マリウス編（1965→1968）、細谷千博編訳『日本における近代化の問題』岩波書店（Marius B. Jansen, *Changing Japanese Attitudes Foward Modenization*)
シュトラウス、レオ（1953→1988）、塚崎智ほか訳『自然権と歴史』昭和堂（Leo Strauss, *Natural Right and History*)
杉山光信（1983）『戦後啓蒙と社会科学の思想：思想とその装置1』新曜社
――（1993）「日本社会科学の世界認識：講座派・大塚史学・宇野経済学をめぐって」『岩波講座　社会科学の方法　第三巻　日本社会科学の思想』岩波書店
ダール、ロバート・A（1971→1981）、高畠通敏ほか訳『ポリアーキー』三一書房（Robert A. Dahl, *Polyar-*

chy: Participation and Opposition)

高島善哉（1941→1998）『経済社会学の根本問題：経済社会学者としてのスミスとリスト』『高島善哉著作集　第二巻』こぶし書房

――（1942→1998）「統制経済の論理と倫理」『同　第一巻』こぶし書房

高島善哉、水田洋、平田清明（1962）『社会思想史概論』岩波書店

高畠通敏（1960→2009）「生産力理論：偽装転向と「第三の途」の論理」『高畠通敏集　二　政治の発見』岩波書店

――（1970→2009）「日常の思想とは何か」『同　二』岩波書店

――（1979→2009）「大衆運動の多様化と変容」『同　一　政治理論と社会運動』岩波書店

趙星銀（2017）『「大衆」と「市民」の戦後思想：藤田省三と松下圭一』岩波書店

都築勉（1995）『戦後日本の知識人：丸山眞男とその時代』世織書房

鶴見和子、市井三郎編（1974）『思想の冒険：社会と変化の新しいパラダイム』筑摩書房

鶴見俊輔（1976）『転向研究』筑摩書房

――（1995）『竹内好：ある方法の伝記』リブロポート

テイラー、チャールズ（1989→2010）、下川潔ほか訳『自我の源泉：近代的アイデンティティの形成』名古屋大学出版会（Charles Taylor, *Sources of the Self: the Making of the Modern Identity*）

トゥレーヌ、アラン（1969→1970）、寿里茂ほか訳『脱工業化の社会』河出書房新社（Alain Touraine, *La société post-industrielle*）

永井陽之助（1971）『政治意識の研究』岩波書店

中金聡（1995）『オークショットの政治哲学』早稲田大学出版部

中野敏男（2001）『大塚久雄と丸山眞男：動員、主体、戦争責任』青土社

ノージック、ロバート（1974→1992）、嶋津格訳『アナーキー・国家・ユートピア：国家の正当性とその限

界』木鐸社（Robert Nozick, *Anarchy, State and Utopia*）

野口雅弘（2018）『忖度と官僚制の政治学』青土社

ハーヴェイ、デヴィッド（2005→2007）、森田成也ほか訳『新自由主義：その歴史的展開と現在』作品社（David Harvey, *A Brief History of Neoliberalism*）

バーガー、ピーター・L&ルックマン、トーマス（1966→1977）、山口節郎訳『日常世界の構成：アイデンティティと社会の弁証法』新曜社（Peter Berger & Thomas Luckmann, *The Social Construction of Reality*）

バーガー、ピーター・Lほか（1973→1977）、高山真知子ほか訳『故郷喪失者たち：近代化と日常意識』新曜社（Peter. L. Berger, Brigitte Berger & Hansfried Kellner, *The Homeless Mind, Modernization and Consciousness*）

バーガー、ピーター・L（1967→1979）、薗田稔訳『聖なる天蓋：神聖世界の社会学』（P. L. Berger, *The Sacred Canopy: Elements of a Sociological Theory of Religion*）

ハーバーマス、ユルゲン（1962/1990→1994）、細谷貞雄ほか訳『公共性の構造転換：市民社会の一カテゴリーについての探求（第二版）』未來社（Jürgen Habermas, *Strukturwandel der Öffentlichkeit*）

――（1981→1985-87）、河上倫逸ほか訳『コミュニケイション的行為の理論（全三巻）』未來社（J. Habermas, *Theorie des kommunikativen Handelns*）

バーリン、アイザイア（1969→1971）、小川晃一訳『自由論』みすず書房（Isaiah Berlin, *Four Essays on Liberty*）

ハイエク、フリードリヒ・A・v（1944→1979）、一谷藤一郎訳『隷従への道：全体主義と自由』東京創元社（Friedrich A. Hayek, *The Road to Serfdom*）

――（1973→2007）、矢島鈞次ほか訳『法と立法と自由（全三巻）』『ハイエク全集（第Ⅰ期第八―十巻）』春秋社（F. A. Hayek, *Law, Legislation and Liberty, 3 vols*）

バウマン、ジグムント（2005→2008）、伊藤茂訳『新しい貧困：労働・消費主義・ニュープア』青土社（Zygmund Bauman, *Work, Consumerism and the New Poor, 2nd ed.*）

ハンチントン、クロジエ、綿貫（1975→1976）、綿貫譲治監訳『民主主義の統治能力：その危機の検討』サイマル出版会（Michel Crozier, Samuel P. Huntington & Joji Watanuki, *The Crisis of Democracy: Report on the Governability of Democracies to the Trilateral Commision*）

平田清明（1969）『市民社会と社会主義』岩波書店

――（1971）『経済学と歴史認識』岩波書店

廣松渉（1969）『マルクス主義の地平』勁草書房

フェリー、リュック&ルノー、アラン（1985→1998）、小野潮訳『六八年の思想：現代の反‐人間主義への批判』法政大学出版局（Luc Ferry & Alain Renault, *La pensée 68, essai sur l' anti-humanisme contemporain*）

福田歓一（1971）『近代政治原理成立史序説』岩波書店

フクヤマ、フランシス（1992→1992）、渡部昇一訳『歴史の終わり（全二巻）』三笠書房（Francis Fukuyama, *The End of History and the Last Man*）

フランク、アンドレ・G（1972→1978）、西川潤訳『世界資本主義とラテンアメリカ：ルンペン・ブルジョワジーとルンペン的発展』岩波書店（Andre G. Frank, *Lumpen-Bourgeoisie and Lumpen-Development: Dependemcy, Class and Politics in Lotin America*）

フロム、エーリッヒ（1941→1951）、日高六郎訳『自由からの逃走』創元社（Erich Fromm, *Escape from Freedom*）

ベル、ダニエル（1960→1969）、岡田直之訳『イデオロギーの終焉：一九五〇年代における政治思想の涸渇について』東京創元新社（Daniel Bell, *The End of Ideology: On the Exhaustion of Political Ideas in the Fifties*）

――（1973→1975）、内田忠夫ほか訳『脱工業社会の到来：社会予測の一つの試み（全二巻）』ダイヤモンド社（D. Bell, *The Coming of Post-Industrial Society*）
――（1976→1976-77）、林雄二郎訳『資本主義の文化的矛盾（全三巻）』講談社学術文庫（D. Bell, *The Cultural Contradictions of Capitalism*）
ポランニー、カール（1975）、玉野井芳郎、平野健一郎編訳『経済の文明史』日本経済新聞社（日本で独自に編集翻訳されたもの）
真木悠介（見田宗介）（1971）『人間解放の理論のために』筑摩書房
――（1977）『現代社会の存立構造』筑摩書房
マッキンタイア、アラスデア（1981→1993）、篠崎栄訳『美徳なき時代』みすず書房（Alasdair MacIntyre, *After Virtue: A Study in Moral Theory*）
松下圭一（1956→1969）「大衆国家の成立とその問題性」『現代政治の条件　増補版』中央公論社
――（1958→1969）「『巨大社会』における集団理論」『現代政治の条件　増補版』中央公論社
――（1959）『市民政治理論の形成』岩波書店
松原隆一郎（2011）『ケインズとハイエク：貨幣と市場への問い』講談社現代新書
マルクーゼ、ヘルベルト（1964→1974）、生松敬三ほか訳『一次元的人間』河出書房新社（Herbert Marcuse, *One-Dimensional Man: Studies in the Ideology of Advanced Industrial Society*）
丸山眞男（1936→1996）「政治学に於ける国家の概念」『丸山眞男集　第一巻』岩波書店
――（1940a→1996）「近世儒教の発展における徂徠学の特質並にその国学との関連」『同　第一巻』
――（1940b→1996）「或日の会話」『同　第一巻』
――（1941→1996）「近世日本政治思想における『自然』と『作為』：制度観の対立としての」『同　第二巻』
――（1943→1996）「福沢に於ける秩序と人間」『同　第二巻』

――（1944→1996）「国民主義の『前期的』形成」『同　第二巻』
――（1946→1995）「超国家主義の論理と心理」『同　第三巻』
――（1948a→1995）「人間と政治」『同　第三巻』
――（1948b→1995）「日本ファシズムの思想と運動」『同　第三巻』
――（1949a→1995）「軍国支配者の精神形態」『同　第四巻』
――（1949b→1995）「肉体文学から肉体政治まで」『同　第四巻』
――（1950a→1995）「ある自由主義者への手紙」『同　第五巻』
――（1950b→1995）「『三たび平和について』第一章、第二章」『同　第五巻』
――（1951a→1995）「日本におけるナショナリズム」『同　第五巻』
――（1951b→1995）「戦後日本のナショナリズムの一般的考察」『同　第五巻』
――（1952→1995）「『現実』主義の陥穽」『同　第五巻』
――（1957a）『現代政治の思想と行動』未來社（増補版 1964）
――（1957b→1996）「日本の思想」『同　第七巻』
――（1960a→1996）「忠誠と反逆」『同　第八巻』
――（1960b→1996）「この事態の政治学的問題点」「復初の説」「八・一五と五・一九：日本民主主義の歴史的意味」『同　第八巻』
――（1961→1996）「現代における人間と政治」『同　第九巻』
――（1963→1996）「点の軌跡：『沖縄』観劇所感」『同　第九巻』
――（1965a→1996）「二十世紀最大のパラドックス」『同　第九巻』
――（1965b→1996）「偽善のすすめ」『同　第九巻』
――（1968→1996）「個人析出のさまざまなパターン：近代日本をケースとして」『同　第九巻』
――（1972→1996）「歴史意識の『古層』」『同　第十巻』

水田洋（1954）『近代人の形成：近代社会観成立史』東京大学出版会
見田宗介（1996）『現代社会の理論：情報化・消費化社会の現在と未来』岩波新書
三宅芳夫（2019）『ファシズムと冷戦のはざまで：戦後思想の胎動と形成 1930-1960』東京大学出版会
ミュラー、ヤン＝ヴェルナー（2011→2019）、板橋拓己ほか監訳『試される民主主義：二十世紀ヨーロッパの政治思想（全二巻）』岩波書店（Jan-Werner Müller, *Contesting Democracy: Political Ideas in Twentieth-Century Europe*）
村上淳一（1985）『ドイツ市民法史』東京大学出版会
村上泰亮（1984）『新中間大衆の時代』中央公論社
——（1992）『反古典の政治経済学（全二巻）』中央公論社
望月清司（1973）『マルクス歴史理論の研究』岩波書店
柳田國男（1946→1975）『先祖の話』筑摩書房
山口二郎（2009）『政権交代論』岩波新書
山之内靖（1993）「戦時期の遺産とその両義性」『岩波講座　社会科学の方法　第三巻　日本社会科学の思想』岩波書店
——（1996）『システム社会の現代的位相』岩波書店
——（1997）『マックス・ヴェーバー入門』岩波新書
吉本隆明（1960→1986）「擬制の終焉」『吉本隆明全集撰　三、政治思想』大和書房
——（1962-63→1987）「丸山真男論」『同　四、思想家』大和書房
リースマン、デイヴィッド（1950→1964）、加藤秀俊訳『孤独な群衆』みすず書房（David Riesman, *The Lonely Crowd: A Study of the Changing American Character*）（日本語版は一九六一年刊行の原著の短縮版によるもの）
リオタール、ジャン＝フランソワ（1979→1986）、小林康夫訳『ポスト・モダンの条件：知・社会・言語ゲ

ーム』書肆風の薔薇（Jean-François Lyotard, *La condition postmoderne: Rappart sur le savoir*）
ルフェーブル、アンリ（1968→1968-70）、松原雅典ほか訳『日常生活批判』現代思潮社（Henri Lefebvre, *Critique de la vie quotidienne*）
――――（1974→2000）、斎藤日出治訳『空間の生産』青木書店（H. Lefebvre, *La production de l'espace*）
ロールズ、ジョン（1971→2010）、川本隆史ほか訳『正義論』紀伊國屋書店（John Rawls, *A Theory of Justice*）

おわりに

本書のもとになった勤務先大学での授業のノートは、もっとシンプルな構成になっていたのだが、書物にするに当たっていろいろ補ったことで、雑然とした印象を与えることになったかもしれない。しかしいくら補っても、あれもこれも抜けているという反省は拭えない。本書は重要なものは全部載せるといった事典的書物を目指したわけではない。そのためスポット的あるいはエピソード的な書き方もある程度は入れたのだが、そればかりだと入門書の体をなさなくなるため、通史的な叙述とテーマ史的な記述を混合した構成とした。いろいろ限界はあるが、比較的コンパクトな分量で基本となる筋書きをわかりやすく通すためにこうなったことを読者にご理解、ご寛恕いただければと思う。

そのような已むを得ない制約とは別に、本書の叙述方法には別の本質的な問題がある。日本と西欧についての記述をほぼ半分ずつ、並行して進行させるような記述は正当なのか、という問題である。日本が自らを映す鏡として欧米を見つつ、半ば欧米化した眼で日本を見る、という知の空間のあり方では、本書はそれを出るものではなく、オーソドックスというか旧態依然を免れていない。それは本書の限界だが、そうなったのはいくつか理由がある。

まず、「日本」を主題のひとつにしたのは、最近の日本の閉塞感、近隣諸国との関係の悪化、そして憲法改正を狙う動きによって「戦後」が清算される可能性が出てきたことなど、今論じるべき理由が十分にあると考えたからである。しかし、仮にこの目的に限定するとしても、日本だけを論じることで目的が果たせるとは思えない。日本の社会科学の思想について語る場合、日本固有の思想の記述だけに依るのは全く非現実的である。たしかに戦後の早い時期に、日本の敗戦国性と後進国性が顕著だった時代には、本書I部でも見たように、日本独自の性格を持った学問や思想が大きな役割を果たした（もっともそれらもマルクスやウェーバーから摂取した考え方を下敷きにしていた）。しかし、敗戦から遠ざかり後進国性が薄れていくにつれて、欧米の学問との同時代性が高まり、主として欧米で作られた同時代の思想や理論に頼ることなく、日本の研究者が日本について語ることはほとんど不可能となった。

それはグローバル化の進んだ今でもあまり変わらず、むしろ進行している。非西欧地域出身の研究者（日本を含む）が社会科学・社会思想の理論的な革新に貢献することはもちろんあるが、そうした革新は世界中から優れた留学生を集める欧米、とりわけ英語圏の著名大学を舞台とすることが多く、欧米で受容されることを経て日本などにもたらされるという傾向は強化されている。日本だけでなく、経済発展を遂げた非西欧諸国でどこでも、そのような欧米の知的世界との関係が構成される。

本書では、重なり合う複数の「現代」について、時代の区切りや断絶と継承といった時間面については考察の対象としてきた。それに対して現代化と知の空間の関係については、構成があまりに複雑になるのを避けるためもあって、旧来の構図に甘んじた。社会思想史の空間論についていまだまとまってはいないが、別の構想を考えている。しかし、現時点で本書に関係する事柄については、このような旧来の構図を乗り越える以下のような展開にいくらか期待をしている。それはとくに経済発展が進んで「現代化」した東アジアの諸国に関する「現代化」の比較である。

自由主義か共産主義かといった体制イデオロギーの相違、地政学的位置、分断国家か否か、冷戦への組み込まれ方、そして高度経済成長が実現した時期や速度などの諸要素において、それぞれの地域の「現代化」は共通面を持ちながらも、さまざまな差異を含む重なりになっているだろう。たとえば本書で論じたⅡ部とⅢ部の局面、あるいはⅢ部とⅣ部の局面が同時に出現することでその性格にも差異が現れるといったことが考えられる。私にはたとえ時間があっても語学の制約などからそういった比較研究をする能力はないが、韓国、中国、台湾、香港、シンガポールなどから日本に来てくれている留学生をはじめ、日本を含むアジアの若い研究者たちに、こうした時空間の差異によってできる「現代化の多面体」を研究する希望を託したいと思う。私としては、日本ではこうなっていた、という一例を提供することにより、ささやかな役割を果たすことで満足しなければならない。

最近アジアからの留学生たちから日本の閉塞感、とくに政治においてオールタナティヴが出てこず、他の東アジア諸国と異なって民主主義が低調なのはなぜなのか、としばしば尋ねられる。

簡単に返答できる質問ではないが、本書全体がある種の答えになっていると言えるかもしれない。すなわち、日本にも比較的近い過去に政治や社会の動きが活発化した時代があったということ、しかしそうしたラディカルな動きが新保守主義・新自由主義的な動向のなかに巧妙に取り込まれていったこと（したがって新保守主義・新自由主義的転回には、その前の時代との連続面も重要である）、このような転回は欧米で先に生じたことであり、日本もその影響を受けている面が大きいこと、などである。そのうえで積年の問題に対処するために、何ができるかを考え直すことが必要だろう。

専門書の場合とは異なり、論じる対象を広大に設定したため、重要でありながら今回は構成上割愛せざるを得なかった主題や著作などが数多くあるが、それはまた別の機会にあらためて論じるしかないと考えている。そのうえで、本書で取り扱った書物などは、私が大学に入学して以来、今に至るまで親しく付き合い、影響を受けてきたものが多く、これらの著作に出会えたことを私としては深く感謝したいと思う。この年月がちょうどさまざまな知の変革の試みが行われた時期に当たっていたことも幸運だった。

同時に、これまで教わったり刺激を受けたりしてきた先輩、同僚、学生の方々、また日々お世話になってきた大学の事務職員の方々には、個別にお名前を挙げることはできないが、あらためて深く感謝したい。最後に刊行を勧めてくださったＮＨＫ出版の大加章雅氏、編集者として忍耐強く完成を待ってくださった倉園哲氏、私の記憶違いを正してくださった校閲の大河原晶子氏には、深くお礼を申しあげる。

二〇二〇年一月

森 政稔

人名索引

あ行

か行

さ　行

た　行

な　行

は　行

ま　行

や　行

ら　行

© Sato Rui

森 政稔（もり・まさとし）
1959年三重県生まれ。東京大学法学部卒業、同大学院法学政治学研究科博士課程中退。筑波大学社会科学系講師などを経て東京大学大学院総合文化研究科国際社会科学専攻教授。専攻は政治・社会思想史。
著書に『変貌する民主主義』『迷走する民主主義』（ともにちくま新書）、『〈政治的なもの〉の遍歴と帰結』（青土社）がある。

NHK *BOOKS* 1261

戦後「社会科学」の思想
丸山眞男から新保守主義まで

2020年 3月20日　第1刷発行
2020年12月15日　第4刷発行

著　者　**森 政稔**　
発行者　**森永公紀**
発行所　**NHK出版**
東京都渋谷区宇田川町41-1　郵便番号150-8081
電話 0570-009-321（問い合わせ）　0570-000-321（注文）
ホームページ　https://www.nhk-book.co.jp
振替　00110-1-49701
装幀者　**水戸部 功**
印　刷　**三秀舎・近代美術**
製　本　**三森製本所**

Printed in Japan　ISBN978-4-14-091261-4 C1330

NHK BOOKS

＊社会

嗤う日本の「ナショナリズム」　北田暁大
新版　図書館の発見　前川恒雄／石井　敦
社会学入門―〈多元化する時代〉をどう捉えるか―　稲葉振一郎
ウェブ社会の思想―〈遍在する私〉をどう生きるか―　鈴木謙介
新版　データで読む家族問題　湯沢雍彦／宮本みち子
現代日本の転機―「自由」と「安定」のジレンマ―　高原基彰
メディアスポーツ解体―〈見えない権力〉をあぶり出す―　森田浩之
議論のルール　福沢一吉
「韓流」と「日流」―文化から読み解く日韓新時代―　クォン・ヨンソク
希望論―２０１０年代の文化と社会―　宇野常寛・濱野智史
ＩＴが守る、ＩＴを守る―天災・人災と情報技術―　坂井修一
団地の空間政治学　原　武史
図説　日本のメディア［新版］―伝統メディアはネットでどう変わるか―　藤竹　暁／竹下俊郎
ウェブ社会のゆくえ―〈多孔化〉した現実のなかで―　鈴木謙介
情報社会の情念―クリエイティブの条件を問う―　黒瀬陽平
未来をつくる権利―社会問題を読み解く６つの講義―　荻上チキ
新東京風景論―箱化する都市、衰退する街―　三浦　展
日本人の行動パターン　ルース・ベネディクト
「就活」と日本社会―平等幻想を超えて―　常見陽平
現代日本人の意識構造［第九版］　ＮＨＫ放送文化研究所　編

＊政治・法律

国家論―日本社会をどう強化するか―　佐藤　優
マルチチュード―〈帝国〉時代の戦争と民主主義―（上）（下）　アントニオ・ネグリ／マイケル・ハート
コモンウェルス―〈帝国〉を超える革命論―（上）（下）　アントニオ・ネグリ／マイケル・ハート
叛逆―マルチチュードの民主主義宣言論―　アントニオ・ネグリ／マイケル・ハート
ポピュリズムを考える―民主主義への再入門―　吉田　徹
中東　新秩序の形成―「アラブの春」を超えて―　山内昌之
「デモ」とは何か―変貌する直接民主主義―　五野井郁夫
権力移行―何が政治を安定させるのか―　牧原　出
国家緊急権　橋爪大三郎
自民党政治の変容　中北浩爾
未承認国家と覇権なき世界　廣瀬陽子
安全保障を問いなおす―「九条―安保体制」を越えて―　添谷芳秀
アメリカ大統領制の現在―権限の弱さをどう乗り越えるか―　待鳥聡史
日本とフランス「官僚国家」の戦後史　大嶽秀夫

※在庫品切れの際はご容赦下さい。